天津市社会科学界联合会
天津日报

编

津沽学人

JINGU
XUEREN

天津社会科学院出版社

图书在版编目（CIP）数据

津沽学人 / 天津市社会科学界联合会，天津日报编.
天津 ：天津社会科学院出版社，2025. 6. -- ISBN 978
-7-5563-1094-4

Ⅰ．K820.821

中国国家版本馆 CIP 数据核字第 202592EK78 号

津沽学人
JINGU XUEREN

选题策划： 韩　鹏
责任编辑： 李思文
装帧设计： 高馨月
出版发行： 天津社会科学院出版社
地　　址： 天津市南开区迎水道 7 号
邮　　编： 300191
电　　话： （022）23360165
印　　刷： 北京盛通印刷股份有限公司
开　　本： 710×1000　　1/16
印　　张： 13.75
字　　数： 208 千字
版　　次： 2025 年 6 月第 1 版　　2025 年 6 月第 1 次印刷
定　　价： 88.00 元

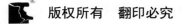

序　言

薛进文

在中华民族伟大复兴的征程中，学术的薪火传承与文化的根脉延续始终是推动社会进步的重要力量。新中国成立以来，天津哲学社会科学界涌现出一大批德学双馨、贡献卓著的专家学者，他们以智慧之光照亮城市人文脉络，以学术之魂熔铸时代精神丰碑。为深入学习贯彻习近平文化思想，天津市社会科学界联合会与天津日报联合推出《津沽学人》，邀请本市社科名家、大家的亲友学生执笔，以鲜活生动的笔触，记录一代代学人的精神风骨与学术担当，折射出"学术有造诣、学科有传承、学人有品格"的津派社科壮美图景。

构建中国哲学社会科学自主知识体系，需要立足本土实践深耕细作。书中记叙的研究成果，多源于学者们对中国问题的深刻观照。无论是社会结构的历史性考察，还是文化现象的比较研究，抑或思想体系的现代阐释，皆以中国经验为根基、以解决实际问题为导向。正是这些扎根大地、立足本土的孜孜探索，为中国特色的哲学社会科学知识创新提供了源头活水，彰显着社会科学家"治学为民、学术报国"的精神追求。

增强文化自信，离不开学术共同体的代际传承。书中体现的学术交往，既有师承授受的严谨规范，又有跨学科对话的开放包容。学者们既注重传统治学方法的传承,又积极吸收国际前沿成果,在守正创新中推动学术发展,展现出鲜明的文化自觉。这种兼容并蓄的学术生态,为培育具有中国气派的学术话语贡献了津沽学人的智慧。

本书记载的不只是学人成就,更可见一座城市的文化品格。作为近代教育重镇与学术高地,天津见证了传统书院向现代大学的转型,培育了多学科交叉融合的学术土壤。书中展现的学术贡献涉及文史哲经管法等多个领域,既有基础理论的深度探求,也有应用研究的开拓创新,映射出天津学术兼容传统与现代、贯通理论与实践的鲜明特质。

本书的出版得益于作者们在繁忙的工作之余查阅资料、寻访求证,怀着敬意和热忱写稿撰文;得益于各高校和科研院所不辞辛苦协调推进;得益于编辑团队各环节力争精益求精。愿此书如星辉映海河,照亮后来者之路,激励广大哲学社会科学工作者弘扬津沽学人精神,守正创新,立德树人,为全面建设社会主义现代化国家展现津沽风采,贡献学人力量!

2025 年 6 月

目　录

虚怀若谷　笔耕不辍
　　——我认识的谷羽先生 ………………………… 王丽丹 ／ 1

难忘的回忆　毕生的楷模
　　——记恩师沈德立先生 ………………………… 白学军 ／ 6

高山仰止
　　——忆吴廷璆先生 …………………………… 杨栋梁 ／ 11

立德树人的徐大同先生
　　…………………………………………………… 刘训练 ／ 16

道德文章是吾师
　　——记翻译家刘士聪先生 …………………… 胡翠娥 ／ 22

几易其身，不变其心
　　——李何林先生的革命与学术道路 …………… 金 鑫 ／ 27

刘佛丁：经济史"南开学派"的领军者 ………… 王玉茹 ／ 33

平实为学　引领潮流
　　——方克立先生侧记 ………………………… 卢 兴 ／ 38

刘泽华先生素描
　　…………………………………………………… 李宪堂 ／ 44

陈炳富：中国现代管理学的开拓者之一 ………… 高 阳 ／ 50

滋兰树蕙　研学育才
　　——记恩师何伯森先生 ……………………… 张水波 ／ 55

罗宗强先生的书房
　　…………………………………………………… 张峰屹 ／ 60

师生如同学

　　——记我的老师王南湜教授 …………………… 王时中 ／66

桃李不言　下自成蹊

　　——谷书堂先生的学术人生 …………………… 王　璐 ／71

潜心治学的楷模

　　——记恩师杨曾武先生 ………………………… 李腊生 ／76

"研究欧洲历史最终是为了中国"

　　——记我国欧洲经济社会史研究开创者侯建新教授

　　………………………………… 赵文君　谷延方 ／82

育人宗师　学术巨擘

　　——记中国逻辑史学科开创者温公颐先生 ………… 田立刚 ／88

我所知道的雷海宗先生

　　………………………………………… 杨巨平 ／93

德法兼修的学人

　　——记天津大学法学院教授孙佑海 …………… 田亦尧 ／99

他从桑干河畔走来

　　——杨生茂先生与中国世界史教学与研究

　　………………………………… 杨令侠　朱佳寅 ／103

忆君诵诗神凛然

　　——聆听叶嘉莹先生诵诗 ……………………… 张　静 ／109

测绘中国民族体质地图

　　——记我国体质人类学家郑连斌教授 ………… 张兴华 ／114

心无旁骛研学术

　　——记词汇学家刘叔新先生 …………………… 王泽鹏 ／120

风标才器　实足师范

　　——忆会计学家李宝震先生 …………………… 韩传模 ／125

务实　创新　谋远

　　——钱荣堃先生与国际金融学 ………………… 马晓军 ／130

为翻译的一生
　　——忆著名翻译家金隄先生 …………………… 王振平　/ 136

汉藏语学一代大家邢公畹先生
　　……………………………………………… 阿　错　/ 142

"写大众的有血有肉的历史书"
　　——冯尔康先生与中国社会史研究 ………… 朱亦灵　/ 148

科学严谨　求真务实
　　——忆财政经济学家王亘坚先生 …………… 武彦民　/ 154

云淡风轻话平生
　　——张友伦先生的人生道路与史学成就 …… 杨令侠　/ 160

"教外别传"与"架桥铺路"
　　——史学史大家杨翼骧先生的志业与遗产 … 朱洪斌　/ 165

崇德厚学　薪火相传
　　——记西方政治思想史学者高建教授 ……… 乔贵平　/ 170

勤奋刻苦、淡泊名利的明史学家
　　——记南开大学资深教授南炳文先生 ……… 何孝荣　/ 175

追寻"冷处偏佳"的真谛
　　——记美术翻译家李本正先生 ……………… 陈期凡　/ 181

永远的导师和楷模
　　——记自动控制和系统工程专家刘豹先生 …… 张　维　/ 187

陈国庆:我国金融工程研究领域的先驱 ……… 陈　平　范小云　/ 193

"自树"与"树人"
　　——记中日比较文学学者王晓平教授 ……… 徐　川　/ 199

精微广大　山高水长
　　——孙其峰先生的中国画教学与实践 ……… 方　勇　/ 204

后　记 …………………………………………………… / 211

虚怀若谷 笔耕不辍

——我认识的谷羽先生

王丽丹

我几乎在 1987 年考入大学俄语专业不久后,就得知谷羽先生大名。那时上课之余跑到图书馆,沉醉在文学世界里,一待就是半天。当时读过的普希金、莱蒙托夫、克雷洛夫等很多俄国诗人的作品,都是谷羽先生的译本。先生的译笔质朴简练、平和恬淡,深得我心。

真正认识先生本人,是在 2015 年我调入南开大学俄语系工作后。那年 7 月,在南开大学夏季小学期里,俄语系邀请谷羽先生给本科生作讲座。先生当时讲的是译诗的实践与方法。讲座的具体内容我已经记不得了,因为坐在第一排的我完全被先生高大的身材和谦逊儒雅的气质吸引了。在我印象中,诗人译诗,这诗人也该像普希金和莱蒙托夫那样身材不高,但先生不是,他可以用"气宇轩昂"四个字来形容。先生头发花白、面色白净、慈眉善目,说话不急不躁、娓娓道来,感觉他似乎遨游在诗歌的海洋里,自得其乐。

当时先生已经退休在家,但他退而不休,在南开大学外国语学院阎国栋院长的支持和帮助下,他刚刚出版了自己的学术论文自选集。在结集出版的 40 余篇文章中,既有诗歌史的研究,也有诗歌翻译方法的探讨,还有对俄罗斯汉学家译介中国诗的历史衍变的梳理。从中可见先生的学术贡献和学术兴趣。此外,先生当时正在和俄罗斯汉学家合作编选、翻译中国诗歌。

先生虽然很忙,但逢有俄语系或外院举办的俄罗斯文学或外国诗歌研讨会,必定到场,积极发言,分享心得。时间久了,我发现,先生有着"独乐不若与人乐"的胸怀。他关爱年轻俄语人的成长,愿意与大家交流自己的读诗、译诗经验。在先生与学生的见面会上,爱诗的学生们总有说不完的话题、问不完的问题,先生总是微笑着循循善诱,时常以自身经历佐证勤能补拙的神奇。多么美好啊,这些难得的机缘,难得的时刻。先生,我们在座的老师、学生们,都深切体会到分享的愉悦。直到很晚,先生才骑上单车,在昏暗的灯影中远去。临别时,我们嘱咐骑车要小心,他回答说没关系,很近,一会儿就到家。

先生每次来南开,来外院都是骑着单车,风雨无阻。我们佩服先生身体硬朗,同时对先生的召唤变得有恃无恐,时常邀请先生前来参加我们俄罗斯文学和中俄关系交流史专业的博士生开题、答辩会。这不仅因为先生学识广博,他除了对俄罗斯文学躬耕一生,对中俄诗歌翻译举重若轻外,在俄罗斯汉学研究方面也颇有造诣。2003年,在俄罗斯汉学家李福清院士的帮助下,先生带领高校俄语专业25位同行,合作翻译了190万字的四卷本《俄罗斯白银时代文学史》。此后多年,先生与李福清一直保持着联系。李福清将撰写的论文《阿列克谢耶夫院士译〈聊斋〉》寄给先生征求意见,先生仅用

两个月时间就译出了这篇 75000 字的文章,回寄给院士审阅修订。院士在回信中赞叹道:"谷羽,您是真正的劳动模范!"先生撰写 27000 字的论文《阿翰林呕心沥血译诗词》,以研究和评论阿列克谢耶夫翻译的聊斋诗词,被李福清收进其 75 周岁纪念文集,并在俄罗斯发表。

先生治学认真严谨,孜孜以求。他在给博士生们修改论文时,甚至连标点符号都不放过,就更别提错别字了。先生为人谦虚随和,常对论文中使用的一些概念提出质疑,问是否因为自己书没读到而感觉表述不明。先生修改过的书稿如今已成为学生们珍藏的史料和"文物"。这两年,先生的眼睛不太好,我们也不好意思再劳驾先生了,但是学生们依旧去拜访先生,咨询问题,先生也是乐此不疲,有求必应。

先生退休 20 余年,但他持之以恒,笔耕不辍。他学会了使用电脑,并利用网络通信的便利,结识了更多的俄罗斯朋友,与他们合作编选、翻译中国诗歌。其中最重要的几位,有莫斯科《千家诗》的译者鲍里斯·梅谢里雅科夫、彼得堡诗人阿列克谢·菲利莫诺夫,还有翻译《李白诗五百首》、撰写《李白传》、荣获翻译成就终身奖的汉学家谢尔盖·托罗普采夫。2017 年春天,先生与托罗普采夫合作在彼得堡出版了《诗国三高峰 辉煌七百年》的俄译本。从 2019 年开始,天津大学出版社陆续出版了他们合作编选翻译的七卷本《汉俄对照中国诗歌读本》系列丛书。七卷本的诗稿,先生当初让我看看,提提意见。我不自量力地读了诗稿,并斗胆提出一些想法和问题。每次先生都会谦虚地接受,过后再与我商讨。可每次交流的结果,不是我给先生提建议,而是他教给我许多译诗的方法、技巧和原则,受益的一方总是我。在此也特别感谢先生无私的教诲,让我获益良多,不仅在学识上,也在精神上。

如今先生已至耄耋之年,却精神矍铄,博闻强记。我们虽见面不多,但每年电话总会通上三四次。先生每次都会在电话里向我"汇报"他的新近出版物,他现在正在做什么。每每听到这些,都令电话这一端的我这个后辈汗颜,感觉时间厚此薄彼。但我心里很清楚,先生的时间都是他自己争取来的。最近,白俄罗斯国家杂志社采访了先生,在 2023 年 4 月刊登了访谈录

虚怀若谷 笔耕不辍
——我认识的谷羽先生

《业精于勤的翻译家谷羽》之后,连续五期刊登先生翻译的白俄罗斯诗歌作品。先生在寂寞岁月里默默耕耘,如今得到了丰厚的回报。

回望60多年的创作生涯,先生读诗、译诗、写诗、讲诗、评诗,与诗结缘,付出了汗水和心血,也收获了充实和美好。先生曾写过一首诗叫《架桥铺路工》,表达自己无悔于诗歌翻译的心迹——

> 有人说:"文学翻译,
> 是吃力不讨好的劳动,
> 译得好,光荣归于原作,
> 译不好,自己招惹骂名……"
> 可真正的译家不重名声,
> 他们甘愿当架桥铺路工,
> 陪外来作家过桥,排除障碍,
> 伴读者出国远行,一路畅通……
> 译著,是修桥铺路的基石,
> 辛勤劳作,只求桥宽路平,
> 广交朋友,心里高兴,
> 任人褒贬,镇定从容。

谷羽先生无疑是诗歌翻译界的常青树,祝愿先生青春永驻、佳作迭出。

(作者系南开大学教授、博士生导师,俄语系主任)

【学人小传】

谷羽,原名谷恒东,河北宁晋人,1940年生。南开大学外语学院俄语系教授,资深翻译家,天津作协会员,俄罗斯圣彼得堡作协会员。1999年获俄罗斯联邦普希金纪念奖章,《诗刊》2018年度陈子昂翻译家奖获得者,2019

年10月获中国俄语教育终身成就奖。专著有《帆船，在诗海上漂流：俄汉诗歌翻译研究》；译著有《俄罗斯名诗300首》《普希金诗选》《克雷洛夫寓言全集》《茨维塔耶娃诗选》《汉俄对照中国诗歌读本》等，发表译作70余部。在60余年翻译生涯中，俄译汉约5000首诗，超过80000行，译过的诗人约300人。与俄罗斯汉学家和诗人合作，把约100位中国诗人的700首诗译成俄语。

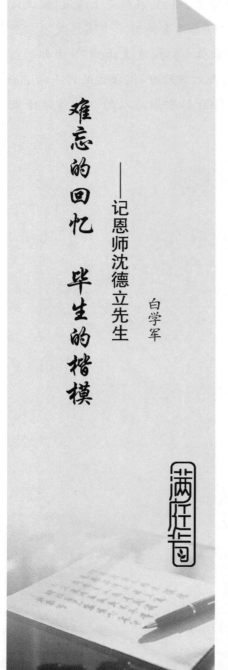

难忘的回忆　毕生的楷模
——记恩师沈德立先生

白学军

　　沈德立先生离开我们整整 10 年了。我有幸在先生身边学习和工作了 25 年，先生严谨的教学作风、精益求精的工作态度给我留下了终生难忘的记忆，并深深地影响了我。

　　1988 年，我考上北京师范大学林崇德教授的硕士研究生，沈先生与林老师是好朋友，想让我毕业后来天津工作。1991 年，两位先生共同指导我读博士学位，因此跟先生有了更近距离的接触。我们经常一起研究学术课题，先生总是鼓励我要敢于提问、勇于质疑。他常常对我说："作为一名心理学工作者，我们需要不断地挑战自己的认知边界，才能更好地理解人类的心理活动。"这种开放的心态对我的学术研究产生了深远的影响。记得在一次关于心理健康的讲座中,先生分享了关于抑郁症患者心理治疗的经验,通过心理治疗帮助患者走出了抑郁阴影。这个案例让我深刻体会到了心理治疗在解决心理问题方面的重要性,不仅让我受益匪浅,还让我更加热爱心理学这个领域。先生曾对我说:"学术研究是一个永无止境的过程,我们要时刻保持认真和敬畏之心,才能在学术的道路上走得更远。"正是这严谨治学的谆谆教诲,让我在以后的学习和工作中始终保持一颗进取之心。

1994 年,我毕业后来到先生身边工作。先生已养成了自己的授课习惯,上课前一定要认真准备。他上课时的讲解深入浅出、生动形象,赢得了学生的喜爱。我们既受到知识的熏陶,又有教学艺术的享受,很多外系和外校的学生也慕名来听课。他对各个教学环节,包括教学内容、教学任务的落实,教学方法、教学手段及教学设备的选择与利用都一丝不苟。那时,课堂教学的辅助工具还是投影仪,先生亲自制作了上千张教学胶片,每堂课用量近百张。

在我第一次登讲台前,先生语重心长地对我说:"师范院校的教师,不仅要完成其他院校教师应完成的教学任务,而且应当从内容到方法,语言到表情,甚至教态与板书,都为学生做出'怎样教学'的示范,你首先要过教学关,课前要做到熟悉教材,我会来听课的呦。"在先生身边学习多年,深知先

难忘的回忆 毕生的楷模
——记恩师沈德立先生

生言出必行，我就在熟悉教材上下狠功夫，课前将整本《公共心理学》几乎背诵了下来。第一堂授课结束后，先生笑眯眯地夸奖我熟悉教材，又帮助我总结课堂教学的不足，鼓励我在工作中不断成长。在进行业务指导的同时，不忘灌输一些做人的道理，先生常告诫我："既要学会做学问，更要学会做人。而后一点，往往更重要。"其实，先生的敬业精神、勤奋行为、认真态度、尊师风范，本身就形成了一种巨大的人格力量，对我及同事们产生了深刻的影响。

20世纪80年代前，我国不生产心理学仪器。以天津师大当时的办学条件，进口国外的心理学仪器也不现实。要解决这一矛盾，只有自己动手，研制适合教学的心理学实验仪器。先生始终坚信：中国人并不比外国人笨，外国人能办到的事，我们经过努力也一定能办到，作为一个心理学研究者，有责任填补这个领域的空白。于是在先生的带领下，大家仔细研究国内外的相关材料，在缺少资金和原料的艰苦条件下，经过几个月的反复研究，第一台心理学教学仪器——镜画仪终于在1980年8月诞生了。后经过几次改进，仪器越来越完善，不仅满足了教学的需要，也为科研创造了条件。当时研制的10种心理学仪器，经校办工厂投入批量生产后，销售到了全国各地，为学校创造了可观的经济效益，但这些仪器设计先生都无偿地提供给工厂，没收一分钱的技术转让费。在鉴定第二代仪器心理实验台时，由于其技术含量高，有专家建议工厂投产后价格定在5万元左右，工厂领导征求先生的意见，他根据仪器的成本投入和全国心理学教学科研单位的实际购买能力，建议降低价格，每台销售价在2万元左右。学校的收益是少了，可先生考虑的是不少心理学机构资金困难，买不起仪器，势必影响人才的培养质量，不利于国家未来发展。

除了在学术领域建树颇丰，先生还乐于助人、处事公允，在心理学界有着极高的人望。早在1994年先生担任中国心理学会副理事长并兼任普通心理学与实验心理学专业委员会主任时，在一次学术年会上对来自全国的100多位代表公开许诺：欢迎全国各地的博士生来天津师大免费利用实验仪器做学位论文。以后他又在多种场合表示：天津师大的仪器设备是全国心理学界的共同财富。这种远见卓识既有利于天津师大的学子接受各地专家学者的学术影响,迅速提高自己的专业水平,也有利于全国心理学界同仁利用先进的仪器设备,携手促进中国心理学的繁荣和发展。那时,包括中国科学院心理所、北京师大、华东师大、西南师大在内的一些兄弟单位的研究生,无偿利用我们的仪器做学位论文。先生的博大胸怀和无私精神不仅令同行们敬佩,也让我深为叹服。

先生经常说:"人总要有一种精神,不能光考虑物质利益。不能以自己为中心来考虑问题,要多想想国家和人民的需要,还要想想其他同志的利益。"据此,他曾多次将荣誉和奖励让给其他同志。在天津师大心理与行为研究中心,先生把自己争取到的一些课题分给同事们来做,在业务上进行指导,在工作上提供方便,为师大的研究人员创造一个益于人才成长的良好环境。先生这种克己奉公、无私奉献的精神,时刻感染着身边的工作人员。

2012 年 8 月,我去延安干部学院学习,回津听闻先生住院的消息,立即去医院看望。病榻上的先生身体异常虚弱,却仍在关心"2011 协同创新计划",在我们拿出工作方案后,他才将紧锁的眉头舒开。先生弥留之际,还在为心理学科的后续长远发展指路。在先生的心里,心理学事业发展是高于一切的。

在先生的带领下,经过 30 多年不断努力,天津师大的心理学科不仅建成了国家重点学科,而且还成为全国心理学仅有的两个教育部人文社会科学重点研究基地之一,学科建设取得令全国瞩目的成就,被许多高校学科带头人称为学科建设中的"沈德立现象"。"沈德立现象"不会是终点,我们会继续在高校学科建设中用先生的精神指引我们前进;先生严谨治学、为事业奋斗的身影,将永远成为我们的典范!

(作者系天津师范大学副校长,心理学部部长)

【学人小传】

沈德立(1934—2013)，湖南长沙人。著名心理学家和教育家，中国实验儿童心理学创始人，天津师范大学资深教授，中国心理学会终身成就奖获得者。国务院学位委员会心理学科评议组成员(第三届和第四届)、召集人(第五届)，教育部首批社会科学委员会委员，教育部人文社会科学重点研究基地天津师范大学心理与行为研究中心首任主任。与张述祖编著《基础心理学》一书，被誉为"我国当前一本最具有时代特色和中国特点的内容丰富的大学心理学教材"；主编《学生汉语阅读过程的眼动研究》，获全国高校人文社会科学优秀成果一等奖。

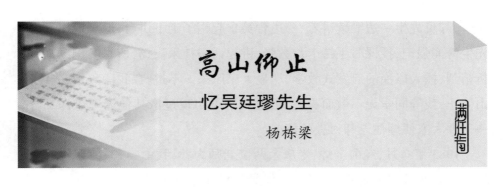

高山仰止
——忆吴廷璆先生

杨栋梁

时光荏苒,恩师吴廷璆先生已辞世 20 余年,然而在后学心中,先生的音容笑貌依然清晰,仿如昨日所见。

1978 年 10 月,我考入南开大学历史系世界史专业学习。当时历史系名师云集,中国史由郑天挺先生挂帅,世界史由吴廷璆和杨生茂两位先生领衔,同学们都为能来此史学重镇学习感到无比自豪。

在科学的春天里,同学们怀着"四化建设"的美好憧憬,以无比高涨的热情恶补知识。在享有"第二外语系"雅称的世界史专业,一入学便通过大学基础英语(共四册)考试者不下半数,这对入学时尚不知外语为何物(入学考试中,外语和数学可任选其一)的我来说,实在是"压力山大"。好在系里专门给未学过外语的同学开设了日语课,而因为学习日语,也使我偏爱日本历史,走上了日本研究之路。

在大三的上学期,我聆听了吴廷璆先生讲授的专业选修课"明治维新史"。当时先生年届古稀,着装笔挺、鹤发童颜,有仙家之风,讲一口能听懂的普通话,声调平和,但偶尔嗓门会提高八度。先生授课严守时间,上课铃一响便登坛开讲,下课铃响后,口中依然滔滔不绝。我等同学以为先生会拖

11

堂时，却见先生一边继续讲着，一边含笑拿起帽子走下讲台，退着走出教室。先生博闻强记，授课时手持卡片数张，讲起话来神采飞扬，所举案例鲜活，分析精到，授人以渔的启发式教学，尽显大家风采。不过，在我印象中，先生高山仰止，我等同学无不敬而畏之，因此几乎没出现过像其他老师讲课那样，一下课大家便缠住老师讨教的情况。

1983年7月，经俞辛焞、米庆余两位老师力荐，我由本校社会学系调到历史研究所日本史研究室工作，兼任吴廷璆先生助手，协助先生审读《日本史》初稿，并处理日常学术交流事务。在先生麾下工作，耳濡目染，承蒙教诲，受益匪浅。先生主编的百万字《日本史》，从选题策划、组织团队写作到付梓出版，前后花费20年时间，其中先生审阅、修改书稿至少费时10年。"谁谓事当尔，苦乐心自知。"先生夜以继日、呕心沥血伏案工作的情景，如今依然历历在目。1994年，这部大作出版后好评如潮，成为我国日本史研究者必读的权威之作。

20世纪80年代，日本经济如日中天，中曾根政府成立后，雄心勃勃地提出"战后政治总决算"口号，欲使日本由经济大国变成政治大国和文化大国。于是，日本右翼势力蠢蠢欲动，向二战后形成的国际体系发起新一轮冲击，其中影响中日关系的举动是国会议员参拜靖国神社和文部省篡改历史教科书。当时，中日关系处在1978年签订友好条约后的所谓"十年蜜月期"，因此对日本右翼的行径如何反击，既是个原则问题，也是个策略问题。某日，先生唤我至他家说：日本文部省审定历史教科书，强令作者篡改侵略史实，性质恶劣，问题严重，我们必须作出回应，指出和批驳其审定出版的历史教科书哪些内容模糊或篡改了侵略史实，阐明我们的观点和立场，希望我就此写篇论文。经过紧张的准备，我怀着忐忑心情把论文初稿交给先生，先生阅后说：最近报刊上已有若干批驳文部省通过审定历史教科书来掩盖、篡改侵略史实的文章，因此你这篇文章应该调整一下角度，从阐明我国不甚了解的日本历史教育体制入手，揭示文部省与历史教科书编撰的关系及其操控手段。遵照先生的教诲，我补充修改了论文，以《日本中小学历史教学的内容与教科书》为题，在《历史教学》1985年第12期发表。在先生指导我写作这篇论文的过程中,我得到的一点体会是:做学问要有现实关怀意识,不能两耳不闻窗外事;写文章要有创新意识,不能人云亦云炒熟饭。

1988年,我考取先生的在职博士研究生。当时,我国学界的日本经济研究热方兴未艾,但我校日本史研究室还无人专研日本经济史问题。有鉴于此,先生指定我以日本近现代经济史为长期研究方向,我则进一步将日本近现代经济政策史作为主攻课题,重点探讨政府与经济的关系。在先生指导下,1992年,我的博士学位论文《日本战后复兴期经济政策研究》顺利通过答辩。1994年,先生将其主持的原国家教委资助项目"国家权力与经济发展"托付给我负责。恩师的信任和重托,着实让我受宠若惊,唯有以百倍努力回报。1998年,结项成果《国家权力与经济发展——日本战后产业合理化政策研究》由天津人民出版社出版,并于2002年获得第三届中国高校人文社会科学研究优秀成果三等奖。

先生为人坦诚豁达,"仁者爱人",待人接物尽显谦谦君子之风。天津社会科学院日本研究所吕万和研究员回忆说:20世纪70年代初,为了请教日本研究的有关问题,我作为"摘帽右派",惴惴不安地拜访吴先生。先生毫不嫌弃,热情接待,耐心指点,崇敬之情油然而生。1978年,在先生的鼓励下,我尝试写出评论明治维新的文稿,经先生审改后,首次以真名在《光明日报》上发表,此后一发而不可收,踏上日本史研究之路。南开大学历史

学院王敦书教授回忆说:"吴先生对我有知遇之恩,我被打成'右派'后,处境艰难,灰心绝望之际,得到先生的信任和鼓励,接纳我担任他的助手,我感到异常温暖,增添了重新站起来的力量"。

再如,我亲眼所见的一件事是,20世纪80年代末,为了加快《日本史》初稿特别是其中古代史卷初稿的审阅进度,先生以合同制方式聘用郑彭年先生为学术秘书。郑先生来自浙江,没有固定收入,在天津工作期间住在学校提供的西北村平房,一家三口除了郑先生的临时工资外别无收入,生活拮据。对此,先生非常关心郑先生的家庭生活情况,嘘寒问暖,亲自出面联系学校有关领导,解决了郑先生女儿进入南开大学附属小学学习的难题,还自掏腰包购买一辆自行车给郑先生使用。我能感觉到,先生日常也会给予郑先生家庭一些接济。

先生是学识渊博的大学者,在中西交通史、日本史研究方面造诣深厚,他提出的"佛教海上传入中国说""大化革新封建说""明治维新资产阶级革命说",在学界可谓独树一帜,影响深远;他发出"敦煌在中国,敦煌学在日本"的感叹,吹响了我国敦煌学雄起的号角。他是中国日本史学会首任会长,为我国日本研究事业的组织、策划和发展作出了重要贡献。他担任《历史教学》主编40年,为史学的进步和普及呕心沥血,默默付出。

与一般学者不同,吴廷璆先生的经历充满传奇,他17岁以改造中国一腔热血,参加国民革命军,投入打倒北洋军阀的战斗;19岁考入北京大学史学科,参加"北平反帝大同盟"和"抗日救国十人团",九一八事变后猛烈抨击国民政府的卖国政策,并作为北大学生会领袖,于1932年率领数百名北大学生组成的南下抗日示威团到南京"请愿";七七事变爆发后国难当头,他毅然放下大学教鞭,弃笔从戎参加八路军;抗战胜利后,作为大学教授,在国统区开展反独裁、反内战的民主运动,为中国民主同盟和九三学社的组创发挥了积极作用;新中国成立后,先生在南开大学先后担任历史系主任、校总务长、《南开学报》主编、历史研究所所长等重要职务,还担任天津市政协副主席,先后担任第五、六、七届全国政协常委。先生从近代社会的废墟上艰难地走来,亲历20世纪华夏大地的沧桑巨变和大浪淘沙,为中华民族之崛起而矢志不渝,从一位爱国的民族主义者和追求光明、进步、自由、民主、平等的知识分子,成长为一名坚定的马克思主义者。

对于如此卓越的学术造诣和学界尤为罕见的革命经历,先生本人始终保持低调。我在先生麾下工作20余年,印象中,几乎没有听过先生谈及其革命经历。

不辱使命,无悔奉献! 这就是我们"永远的吴先生"(中国日本史学会原会长汤重南语)。

(作者系南开大学日本研究院教授)

【学人小传】

吴廷璆(1910—2003),生于杭州,1929年入北京大学史学系。1932年考入日本京都帝国大学史学科。1936年毕业归国任山东大学讲师。抗战爆发后参加八路军。后转入地下工作,参与了民盟和九三学社的组建工作。历任四川大学历史系教授、武汉大学历史系教授。1949年调任南开大学历史系教授,曾任校总务长、历史系主任、历史研究所所长。1951年当选为天津市历史学会理事长、民盟天津市委副主委。1977年当选为天津市政协副主席。1980年任中国日本史学会首任会长。1981年任国务院学位委员会第一届学科评议组历史组成员。先后担任第五、第六、第七届全国政协常委。主要研究亚洲史和东西交通史,是学术界公认的新中国日本史学科的开拓者之一。代表性论著有《日本史》(主编)、《日本近代化研究》(主编)、《吴廷璆史学论集》等。

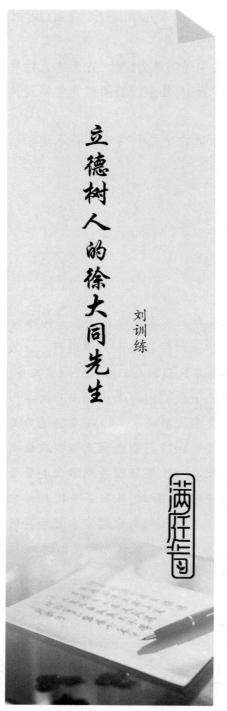

立德树人的徐大同先生

刘训练

不久前，欣闻恩师徐大同先生的塑像即将在天津师范大学校园落成，2023年又恰逢先生95岁冥诞，我回想起在先生身边亲承教诲十九载的历历往事和点点细节，不禁思绪万千，感慨系之。

一

在本科读书期间，我就对西方政治思想史这门学科产生了浓厚的兴趣，所以在报考研究生时，我对国内政治学界的相关情况作了充分的了解。之所以最后选择了天津师范大学的政治学理论专业，就是因为这里有徐大同先生坐镇。入学前，我便熟读先生主编的教材和撰写的文章，因此，我是带着对先生的崇敬来到师大求学的。

徐大同先生 1928 年 9 月出生于天津，1949 年 1 月参加革命，进入华北大学（中国人民大学前身）学习和工作；1950 年起先后在中国人民大学法律系、国政系任教；1973 年转入北京大学国政系任教。

虽然先生是新中国马克思主义政法学说的第一批宣讲者，但他学术生命力的勃发却是在改革开放以后。1978 年，他从北京调入天津师范大学（当时叫天津师范学院），此后便积极投身于我国政治学学科的恢复与重建工作。1982 年是先生学术生涯中最为繁忙而重要的一年：4 月至 5 月，他受邀为中国政治学会和中国社会科学院政治学研究所委托复旦大学国际政治系举办的"全国第一期政治学讲习班"讲授西方政治思想史；4 月至 6 月，受教育部委托，他在天津师范学院主持了全国性的"西方政治思想史"教师进修班；7 月，他主持编写的《西方政治思想史》列入教育部高等学校文科教材编选规划（天津人民出版社 1985 年 2 月出版）。

此后，先生带着团队长期耕耘在西方政治思想史、当代西方政治思潮以及中西传统政治文化比较研究领域，推出了一部又一部在当时国内具有开创性和领先性的著作、教材与工具书。同时，他还致力于中国政治学会的筹建和发展，曾长期担任学会的常务理事、副会长、顾问，并长期担任天津市社会科学界联合会副主席、天津市政治学会会长、天津市法学会副会长等职务。

可以说，先生是新时期我国西方政治思想史研究界当之无愧的奠基者。也正是在他的带领下，天津师范大学政治学学科成为国内西方政治思想史研究的重镇。

二

我在先生身边受教近 20 年，硕士毕业留校后长期担任先生的学术助手，再加上我住得离先生寓所很近，常到先生家里帮着处理一些杂务琐事，所以我在方方面面对先生都有深入的了解，同时也是"近水楼台先得月"，又在方方面面得到了先生的关照。

如果要用几句话来总结先生的一生的话，我想或许可以这么来概括先

立德树人的徐大同先生

生的理想信念、治学从教与为人处世。

首先，先生在政治上是追求进步的，在信仰上是坚定的。先生的一生经历和见证了中华民族从积贫积弱到奋进崛起。正因为如此，他从参加革命之日起便在系统学习马克思主义的基础上，将实现共产主义视为不渝之志，也为之奋斗终生。

先生生前曾多次向我讲述过他入党的事情。先生在青年时代，因为家庭出身等原因，一直没有入党；但正如他自己所说，他是一直以党员的标准来要求自己的。1985 年，他终于加入了中国共产党。当时有人提示先生，他当选为全国人大代表，在很大程度上是因为他的无党派人士身份；一旦入了党，可能就没有机会再连任了。先生对此置之一笑，他说，入党是我的夙愿，是我的政治生命；而政治生命是高于政治荣誉的。

其次，先生在治学与业务方面不断进取、追求卓越。先生一直把"雄关漫道真如铁，而今迈步从头越"作为自己的座右铭，这不仅是他的自谦，也是他的自勉。先生从不满足于已经取得的成绩，总是把目光投向下一个任务。由此，他带领团队数十年如一日坚持不懈，不断开拓新的研究领域。

即便到了耄耋之年，先生也仍然笔耕不辍。他曾多次向我提及希望修订他早年主持编写的《中国古代政治思想史》，直到后来他完成内容和体量更为简约的《中国传统政治文化讲录》，才算了却心愿。而在他人生最后的

那段时期，先生还在指导和牵挂着"马克思主义理论研究和建设工程"重点教材《西方政治思想史》（第二版）的修订和出版工作。正如他在临终前不久向探望他的学校领导所吟唱的，"为国家哪何曾半日闲空……"

最后，先生对学生在学术上是严格要求的，在生活上是关爱照顾的。作为立德树人的"大先生"，先生形成了一套"教学问、教做学问、教做人"的教育理念。在"教做学问"上，一方面先生始终向我们强调要坚持以马克思主义为指导，要为中国研究西方，要有现实关怀和问题意识；另一方面先生在学术上又是与时俱进、开明的，从不干涉我们的具体选题和论点。每当他对我们的某个观点、见解有疑问或不同看法时，他总是能够一针见血地点出症结所在，对于我们的含糊其词，他从不轻易放过，总是追问到底，直到把问题澄清；但只要我们能够给出合理的解释，先生又从不固守自己的看法，绝不强加于人。

在生活上，先生对学生则是一视同仁的关爱。每逢节日，他总要招呼一些没有回家的学生去他寓所聚餐，让大家感受过节的氛围。许多同门都将先生视为良师益友，即便在毕业多年以后也都愿意向他倾诉工作和生活中的困惑。

三

自 2000 年投入先生门下，我便在学业、生活等方面得到先生的悉心教导与尽心帮助。

秉持"三教"理念，先生对学生的教导不仅体现在课堂上，也体现在对日常生活细节的提点上。念研究生阶段，我曾多次陪同先生赴吉林大学参加博士生论文答辩，在行程间隙的聊天中，先生总是据他观察到的我的言谈举止，结合人情世理给予细致的点评，每每如此，让我这个从前只知埋头读书的懵懂学子开始慢慢领悟人情世故。

硕士研究生毕业前夕，我对自己的未来（就业还是继续深造，在哪里深造）有过踌躇，先生对此多少有些觉察，但他并未向我挑明，而是希望我自己作出选择。种种原因使然，我决定继续留在师大攻读博士学位。记得有一次在与先生的闲聊中，我不经意地提到自己的这一意愿，先生马上说了一句，那就留下吧。虽然先生说得淡然，但我还是深切感受到了先生的喜悦。

学生时代还有一件事更是让我永志不忘。那是 2003 年毕业季，也是"非典"肆虐的日子，我忽然患上了病毒性感冒，连续好几天高烧不退。在半隔离的状态中，先生每日给我打数通电话（那时手机还不流行）询问病情，纾解我近乎孤立无援的精神压力，让我挺过了那段难熬的时日。诸如此类生活上的细心照拂，先生的很多学生都有自己的回忆，并非对我的特殊厚爱；所谓"春风化雨，润物无声"，正是如此吧。

在学业上，先生也是知人善任，因材施教。记得我在确定博士论文选题时，曾担心自己硕士期间主攻的课题过于"时兴"而打算放弃，先生得知后主动找我谈话，认为我在此课题上已经多有积累，支持我继续沿着先前的方向推进，使我打消了顾虑。先生的开明、宽和与通达，我曾听学界的多位前辈和同门谈及，此后更是切身感受，这不过是其中一个小小的例子。

留校任教后，我有幸继续得到先生的亲炙。除了作为先生的助手，在学术上向他请益之外，每当我在业务上或生活中遇到困难、挫折时，我都会去找先生聊一聊，而先生总是会从各方面对我进行开导，给予建议和帮助。这是我人生成长道路上的独特体验，并让我受益终身。在我自己成了教师和导师之后，先生自然成为我的垂范，虽不能至，心向往之。

虽然先生已经离开我们四年多了，但他生前的愿望如今都在逐步实现。不管是他倡导并身体力行的"三教"教风，还是他在治学方面提出的"为中国研究西方"的教导，以及他始终坚持的"从头越"精神，都在天津师大政治学的学科建设中得到继承和发扬。正是在这些精神的引领之下，师大政治学人胸怀天下、守正创新，为中国政治学的发展贡献自己的智慧和力量，而这也是对先生最好的告慰！

（作者系天津师范大学教授、博士生导师，政治与行政学院院长）

【学人小传】

　　徐大同(1928—2019),我国著名政治学家、法学家,生前主要从事政治学理论、中外政治思想史的教学和科研工作。主编或合作完成专著、教材和工具书近20部,发表论文50余篇,代表性作品有:《中国古代政治思想史》(主要作者)、《西方政治思想史》(主编,多个版次)、《中西传统政治文化比较研究》(主编)、五卷本《西方政治思想史》(主编)、《文踪史迹:徐大同八秩文存》和《中国传统政治文化讲录》等。

立德树人的徐大同先生

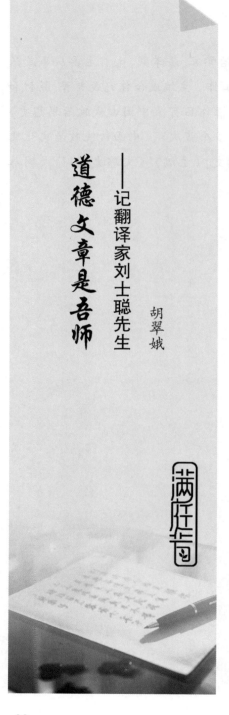

道德文章是吾师

——记翻译家刘士聪先生

胡翠娥

在南开大学北村一隅，两排挺拔的冲天杨树护卫的大中路旁、枝叶扶疏之处，有一栋年代久远的家属楼，里面住着一位耄耋之年的学者，常年笔耕不辍，运用如椽之笔，在中英两种语言之间自如转换，默默为中西文学与文化交流搭建桥梁。这就是现年88岁的南开大学外国语学院英语系教授刘士聪先生。

刘士聪先生1960年至1965年就读于南开大学外文系，长期从事翻译理论研究与实践工作，所译之作多为中国现当代文学作品，如王蒙、梁晓声、迟子建等名家名著，也有一部分英语文学作品汉译，如杰克·伦敦（Jack London）的《白牙》、斯蒂芬·克莱恩（Stophen

Crane)的《红色的英勇标志》、瓦迪斯瓦夫·什皮尔曼(Wladyslaw Szpilman)的《钢琴师》等世界名著。

先生是南开大学外国语学院第一任院长,更是翻译学博士培养的第一人。南开大学外国语学院建院初期便开始了翻译方向的博士生培养工作,这是一个完全崭新的课题。博士生如何培养、课程如何设置、培养目标及培养程序等都没有先例可循。带着这些问题,先生去北京大学潜心取经,回来后心中有了底数。首先做的是组建导师队伍。翻译学专业招生之初,只有先生一个导师。先生深感在个人的知识结构和课程的设置方面都欠缺,需要及时扩展导师队伍。第二年便请来了崔永禄教授,后来又从陕西师范大学引进了王宏印教授,并吸收了清华大学罗选民教授来我院做兼职导师,这样便形成了一支翻译理论和翻译实践比较强的导师队伍。第二,为了扩大博士生的知识结构,先生积极聘请国内外翻译研究领域颇有建树的专家来我院讲学,先后从美国、英国和芬兰请来多位国际著名学者,如尤金·奈达(Eugene Nida)、西奥·赫曼斯(Theo Hermans)、玛丽亚·铁莫茨科(Maria Tymoczko)等来津作学术报告,同时也从国内各大学请来知名教授,如北京大学的申丹教授、辜正坤教授、许渊冲教授以及天津外国语大学的翻译理论家和实践家金隄教授等来作系列学术讲座,一时盛况空前。这些报告和讲座大大扩展了师生的学术视野,为南开外院学术与国际接轨奠定了坚实的基础。第三,建立规范的博士生培养程序。从课程设置、论文写作、导师指导、开题报告到论文预答辩、论文评审和论文答辩,在摸索中逐步建立起规范的程序和模式。经过导师队伍的集体努力,南开大学外国语学院培养了数量可观的翻译学博士,现在都已成为全国各大学英语系、翻译系或翻译学院的学术骨干。很多人获得教育部和国家社科项目,有的获得国家社科重大项目立项,还有的承担重大翻译项目,在国内学术界和翻译界受到广泛好评,产生很好的影响。

作为中国外语学科翻译研究领域的早期开创者之一,先生筚路蓝缕,以启山林,在英汉翻译领域辛勤耕耘,奉献智慧。对先生来说,翻译既是工作与研究,也是娱乐与爱好。先生是天津乃至中国散文英译的标杆,他的译文

23

风格朴素、自然,准确、传神,深受学界推重和读者喜爱。在谈到从事翻译的体会时,先生主张译者要读原著,常读常新,通过阅读原著学习词汇和词汇搭配,研究句子结构和表达方式;通过阅读提高语言修养;通过阅读培养译者的审美修养和人文修养。他说:"译者的语言修养、审美修养和人文素质是成功与否的决定因素,而成功与否的主要途径是读原著,从优秀文学作品里汲取语言和美学营养。语言以朴素、自然为美,语言表达中的做作和故弄玄虚都是不美的。"先生还谆谆教诲我们要多读书、读好书,领会英语的巧妙用法和精华,建自己的双语语料库,提高语言敏感度和语言能力,把中国优秀文化遗产以自然流利的英语传播出去。先生不仅这么教导学生,而且身体力行,无论工作多么繁重,他每天都要腾出一个小时的时间在书房朗读英语散文,饱蘸感情,抑扬顿挫,他说这样才能领悟原著文字的节奏、起伏、变化和美。

先生在课堂上是认真又不乏风趣的老师,本着有教无类、兼收并蓄的精神,教导学生博采众长。有一次研究生课上,有位研究生对先生的某一观点表示不同意,先生不但不恼,反而把讲台让给他,请他上去详细阐述自己的观点。在学术研究上,先生对自己一丝不苟,对他人克宽克仁。他提醒我们务必遵守学术规范,认真治学。记得一次聚餐中,先生和夫人谷启楠老师非常少见地发表严肃讲话,教育我们:绝不能抄袭,即便文章发表不了,也务必要守住学术道德。先生说文章一旦发表,就如泼出去的水无法收回,所以要慎之又慎。

　　先生认真做事,从不计较名利得失。已退休的原学院办公室主任白永耕老师曾说,先生在任职外国语学院院长期间,很多公务接待,他都悄悄地自掏腰包,不求组织报销。有一年,某出版社邀请先生为其《浮生六记》英译本写了长达25页的序言,出版后却没有先生的署名。学生们颇为不平,他只淡淡地说编辑可能忘记了,这是小事。物有本末,事有大小。只不过,在先生心中,有他自己的大小轻重,畛域分明,不容逾越。

　　奖掖后进、关爱学生,是先生几十年来始终如一的风格。他的学生众多,有些学生在毕业后忙于教学,成果不多,偶有文字发给先生过目,他都会不厌其烦地认真参阅书籍,仔细订正,给予反馈意见,提示相关思路。学生们每每感慨:"有这样才思敏捷、年过八旬的恩师指导我们的学习,真是很幸运的事!"先生上善若水,有教无类,但凡学生有求,来者不拒。今年暑假前夕,一名三年级的本科生写了一篇评析先生翻译《风筝》的小文章,即将在《21世纪英语教育》报上发表。本科生的文字难免稚嫩,然而当学生上门拜访时,先生非常热情地鼓励这位同学,帮他检点文字,还按照报纸编辑的要求,和学生拍了合照,随文章一起发表。

　　先生治学谨严,生活中却幽默风趣,很擅长讲故事和笑话。有一次,他跟大家分享他做鱼的经验:把厨房里所有的调料都添加一遍,味道肯定错不了。他还绘声绘色地跟我们讲述他年轻的时候在国外的经历:深夜乘飞机抵达纽约,一个人拎着行李箱在街头大步流星地走夜路,遇到一个大块头儿的外国壮汉也行色匆匆,两人前后脚同行半路,先生自己心里紧张,不想把对方也吓了一大跳。先生待人谦和,他的学生商瑞芹曾与之同住北村教师家属区,经常看见先生跟附近卖菜的小贩、餐厅服务员们亲切打招呼,熟悉得像家人一样,当然,他们待先生也像招待一位多年的老朋友。

　　韩愈有言:"师者,所以传道受业解惑也。"又言:"授之书而习其句读者,非吾所谓传其道解其惑者也。"先生不仅是我们的授业恩师,更是我们人生的导师和生活的益友。先生和谷启楠老师多年来爱国敬业,严于律己,宽以待人,提携后辈,服务社会。每次去看望他们,我们都感觉如沐春风,很是温暖。先生生活简朴,淡泊名利,胸怀磊落。退休后他反而有了更多的时间忙于写作和翻译,出版了更多的佳作和精品译著,如《英语经典散文翻译与赏析》《英汉·汉英美文翻译与鉴赏》等,深受老师和同学的喜爱,也是翻译和语言研究者的重要参考书目。虽然退休多年,他却一直心系南开大学外国语学院的发展,常常问起翻译系与英语系的情况,希望各个学科都蓬勃向好。先生还老骥伏枥,紧跟数码时代,尽管患有眼疾,但仍数年如一日制作微课,在一百多人的南开翻译博士群里,每日发布微课,带领大家欣赏精品美文,切磋翻译难点,有了好的英语学习材料,甚至给我们一一推送。在大家的心目中,先生是南开翻译学科的精神领袖,是大家心目中最敬爱的恩师。

仰之弥高,钻之弥坚。瞻之在前,忽焉在后,这是先生的文章学问;高山仰止,景行行止,这是先生的道德践履。先生是可敬的老师,是宽慈的长者,更是我辈的人生导师。

(作者系南开大学外国语学院教授,博士生导师)

【学人小传】

刘士聪,1937 年生于天津,南开大学外国语学院首任院长,英语系教授,翻译学博士生导师。长期从事翻译理论研究与实践工作,曾任天津市翻译协会副会长、《中国翻译》杂志编委,2009 年被中国翻译协会评为资深翻译家,现任《英语世界》杂志顾问。已出版《文学翻译与语言审美》《英汉·汉英美文翻译与鉴赏》《红楼译评:〈红楼梦〉翻译研究论文集》《中国古代名句经典英译》《英语经典散文翻译与赏析》等专著,以及英汉互译长篇 Confucius(《孔子》)、Lao Zi(《老子》)、《钢琴师》(The Pianist)、《皇帝的孩子》(The Emperor's Children)等译作。

几易其身，不变其心

——李何林先生的革命与学术道路

金 鑫

南开大学文学院四楼方厅伫立着李何林先生的半身铜像，那是 2004 年南开为纪念先生 100 周年诞辰设计建造的。每次从铜像前经过，都会想起前辈师长讲述的李何林先生任教南开的点滴，想起从先生著述中读到的真知灼见，想起一位革命者、研究者、从教者始终如一的求真品格。

一

李何林先生 1904 年生于安徽省霍邱县，1920 年考入安徽省第三师范学校，在那里接触到《新青年》《向导》《新潮》等进步报刊，深受"科学""民主""社会主义""阶级斗争"等新思潮的影响。1925 年五卅运动爆发后，就读于东南大学的先生投笔从戎，参加革命。1928 年霍邱暴动失败后，先生到了北平，加入未名社。也是从那时起，他开始以革命战士的眼光审视自己读过的进步书刊，将视线落在当时无人关注的五四以来的文学论争上。

先生加入未名社时，"革命文学"的论战正进行得如火如荼，他阅读了关于论战的几乎全部文章，从中选出 47 篇，编成《中国文艺论战》，1929 年由北新书局出版。这是我国第一部关于中国现代文艺思想论战的史料集，开启了我国现代文艺思想资料收集和研究的先河。

《中国文艺论战》也正式开启了先生文艺思潮研究的历程。1938 年 9 月,先生与妻子迁往四川隆县教书,1939 年 1 月又迁往当时的江津县白沙镇,与未名社老友曹靖华、台静农同住一处。短暂的稳定,为先生整理文艺论争的文章提供了机会,1939 年 7 月,约 30 万字的《近二十年中国文艺思潮论》(后简称《思潮论》)编写完成,很快由邹韬奋领导的生活书店正式出版。这部《思潮论》对中国现代文艺思潮研究和中国现代文学学科的发展都产生了重大而深远的影响。

编写《思潮论》时的先生,已是一位经历过战斗洗礼的成熟的马克思主义者,能够用马克思主义唯物论审视文艺论争,做出中肯评价。这成就了《思潮论》"重史求真"的学术底色。首先,先生作为文艺论争的见证者,积累了丰富的一手资料,保证了《思潮论》内容的真实准确,这是基础性的、表层的底色;其次,先生坚持马克思唯物史观,重视社会现实对文学艺术的影响,对作为社会与文学间桥梁的文艺论争格外关注,赋予了《思潮论》随社会发展而演进的历史逻辑,这是思想层面的、深层的底色;第三,先生记录文学论争,不仅梳理背景和线索,还大量引用论争双方的文章,使引文间保持论争关系,更好地保存了论争原貌,体现出一种求真的述史态度。

重史求真的学术底色,使《思潮论》甫一出版就体现出区别于同类著述的先进性,也奠定了中国现代文学学科论从史出的基本原则,后来学科史上很多经验和教训都是《思潮论》奠基意义的佐证。

二

大学教师是李何林先生的一个重要身份,他曾先后在河北省立女子师范学院、华中大学、华北大学、北京师范大学和南开大学任教。先生喜欢教书生活,曾多次表示很愿意当一个教书匠。

1952 年,先生从北京调到天津,掌舵南开中文系。1957 年开始担任天津市作协副主席、文学研究所副所长、民盟天津市委会副主委的职务,为天津文学和文化事业的发展作出卓越贡献。但先生的主要精力还是在教书

上，校园朴素、安静的生活，很适合研究和思考，而学生们进步、求真的热情，也与先生的精神内质相契合。他喜欢和学生在一起，对待学生非常真诚，一字一句修改学生作业，请学生到家里做客、吃饭，调离南开、离开教师岗位后，仍经常与学生通信，保持联系，时时指导、帮扶学生。学生们回忆起先生，都会流露出敬仰和感激之情。先生在南开大学中文系任教并担任系主任 24 年，在他的带领下，南开中文系不仅发展成为鲁迅研究重镇，也成为学科门类齐全、特点鲜明、队伍完整的中国语言文学教研重镇。

先生在大学开设的课程，多与他钻研多年的中国现代文艺思潮研究和鲁迅研究有关。以研究专长开课，使得先生的课有厚度、有深度，而大学任教也使他得以深入思考中国现代文学学科人才的培养和发展问题。

1948 年，先生在华北大学国文系任教时就意识到，受编写时代影响，《思潮论》与《新民主主义论》之间存在某些不吻合。经与范文澜等同事商谈，他找到问题所在，于 1950 年撰写并发表了《五四以来中国新文学的性质和领导思想问题——〈近二十年中国文艺思潮论〉自评》。文章指出了《思潮论》存在的不足，使其在保持原貌的前提下，与文艺主导思想的关系得到缓和，先生的文艺思潮研究也得以在中国现代文学学科的初创期发挥了中流砥柱的作用。

1951 年,先生加入《"中国新文学史"教学大纲》(后简称《大纲》)编写组,根据蔡仪、王瑶、张毕来三人提交的大纲整理初稿。从《大纲》内容看,明显受李何林思潮论研究的影响。比如,《大纲》每一编都为社会背景设专门章节,文艺思潮所占比例超过文学创作成绩,直接反映文艺论争的章节达到十章,很多章节与《思潮论》内容完全一致。《思潮论》也很自然地被列为教员历史类参考书。可以说,先生通过《思潮论》和《大纲》使新文学在新的文艺环境下站稳脚跟,同时也奠定了新中国成立初期新文学课程教学和学术研究的方向。

1957 年,高等教育部审定并颁布了《中国文学史教学大纲》,将新文学纳入整个中国文学史,先生主导编写的《大纲》正式停用。但《大纲》塑造了新中国成立初期的中国现代文学学科,第一批学人、第一批教学用书都深受《大纲》和《思潮论》影响,相关的知识内容和思想观念在中国现代文学学科内部传播、延续。从这个意义上说,先生奠定了中国现代文学学科的基本格局,他用马克思主义阶级论审视文坛、思考文学问题的方法和观念,对中国现代文学研究产生了深远影响。

三

李何林先生是我国著名的鲁迅研究专家,鲁迅研究贯穿了他整个的中国现代文学研究和教学生涯,他的思潮研究也是以鲁迅为中心和标尺的。1976 年 2 月,先生因在鲁迅研究方面的杰出成绩被任命为北京鲁迅博物馆首任馆长兼鲁迅研究室主任。

先生很早就接触到鲁迅的文章,对鲁迅的革命思想高度认同,并始终以捍卫鲁迅作为自己的使命。1930 年选编并出版《鲁迅论》,参与鲁迅反"围剿"的斗争;在特殊历史时期,以实事求是的态度和战士的姿态,力保鲁迅不被歪曲利用……就是这样一个在思想和精神向度上与鲁迅高度契合的人,在鲁迅的资料整理、展览陈列乃至研究方面主动放弃了精神、思想等抽象维度的讨论,而将更多精力放在原原本本地介绍和普及鲁迅及其作品上。他非常重视对鲁迅文章字句的准确解读,提倡"以鲁注鲁"的研究方法,形成了鲁迅研究界的重要一派——"注释学派"。

1958年版《鲁迅全集》的注释工作,先生并未参加,但他对第二卷中《野草》的注释进行了修订增补,这也成为他后来出版的《鲁迅〈野草〉注解》一书的主要内容,足见增补的数量和质量。1981年出版的16卷本《鲁迅全集》,先生率领鲁迅博物馆的学术队伍参与了注释工作,注释总数达到23000余条,近240万字,体量比1958年版增加了三倍还多,可见先生对注释工作的重视,以及在注释鲁迅方面的学术功力。先生注释鲁迅文章有两个突出特点:一是注重知识的精准严密,比如《我的失恋》中写到的"赤练蛇",先生就其是否有毒、凶猛进行过细致查考,并在注释中详细说明,在1973、1981年版《鲁迅全集》中更是明说了注释调整的过程;二是提倡开放的方式,听取读者意见,像《鲁迅〈野草〉注解》就是不断吸收读者意见,形成鲁迅研究文本动态性的先例。无论是精准严密,还是提倡开放的方式,都体现了先生求真的态度。在他看来,对鲁迅的阐释无上限,但准确掌握鲁迅的本意是有底线的。这正是一位鲁迅护卫者与普通研究者的区别所在。

从革命者到文学论争的关注者、研究者,再到文学教育者、鲁迅的坚定护卫者,李何林先生的一生在多个身份、角色间转换,这种经历和阅历后辈恐无法复制,但贯穿先生一生的探索求真的精神,却是后辈们可以铭记并继承的。

(作者系南开大学文学院副教授,南开大学现当代文学教研室主任)

【学人小传】

李何林(1904—1988),安徽霍丘(今霍邱)人,著名鲁迅研究专家、中国现当代文学学科的创立者之一,1951年主持编定首部《中国新文学史教学大纲》,标志着中国现当代文学学科的建立。历任高等教育部秘书长、北京师范大学中文系主任、南开大学中文系主任、南开大学校务委员。1976年奉调任北京鲁迅博物馆馆长、鲁迅研究室主任,主持编辑《鲁迅手稿全集》

《鲁迅年谱》《鲁迅研究资料》《鲁迅研究动态》等。曾任第四、第五届全国人大代表,中国作协理事,鲁迅研究学会副会长,是中国现代文学专业首批博士研究生导师。编著有《中国文艺论战》《鲁迅论》《近二十年中国文艺思潮论》《关于中国现代文学》《鲁迅〈野草〉注解》《鲁迅小说选注解》《小说概论》《中学语文鲁迅作品答疑》等。身后出版有《李何林全集》(五卷)及《李何林全集补遗》等。

刘佛丁：
经济史"南开学派"的领军者

王玉茹

1985 年，一道硕士研究生入学考试题"试论两次世界大战之间的中国经济发展"引领我入门，开启了我随刘佛丁先生攻读经济史专业硕士研究生，即跟随先生运用经济学理论构建中国近代经济史研究新框架的学术历程。

刘佛丁先生 20 世纪 60 年代于南开大学历史系就读本科时，就开始关注"通史"和"通典"中有关经济的史料，以及正史中重要的本纪和列传，配合中国土地制度、中国古代史专题等课程的学习，对先秦的史料作了比较广泛和深入的钻研，他还阅读、学习了新中国成立前后的有关论文、古代天文和历法的知识。本科毕业到南开大学经济研究所从事经济史研究后，先生即开始进修资本论、英语等课程，为将要从事的研究进一步拓展专业知识基础。他先后参与了开滦煤矿企业史的调查、中国资本主义发展史的研究，主编和参编《解放前开滦煤矿工人阶级状况》《旧中国开滦煤矿的工资制度和包工制度》《中国近代盐务史资料选辑》（主编，四卷）《民国盐务史稿》《中国资本主义发展史》（第三卷）等著作；发表论文 30 余篇，涉及民族资本和企业史研究（7 篇），盐业史研究（5 篇），中国经济发展与制度变迁研究（11 篇），经济史理论、方法与述评(6篇);发表书评、学术人物述评10余篇。

先生性格沉稳、待人谦和,学术视野开阔,有着独特的学术个性和豁达的胸襟,对新的思想、新的研究方法秉持开放的精神。他是历史学专业出身,但自进入经济研究所工作以来,就注重经济学理论的学习和提高,跟踪经济学和其他社会科学理论的新进展,大胆借鉴吸收最新的理论成果。从20世纪80年代初开始,他集中10余年的时间,倾注全部心血和精力,以全新的方法构建了用经济学理论研究中国近代经济史的理论框架。先生认为:"对于经济史研究的创新,发掘和整理资料的作用固然不可忽视,但更重要的还是理论和方法的引进、应用。因为只有借助于不断发展的理论和手段,才能打开眼界,开辟研究的新领域,找到解决问题的新途径,提高经济史研究的水平,使认识得以深入,赋予这一学科以活力和生气。"他还认为:"呼唤新的理论和方法固然需要,但不能止于介绍和引进,更应着力于应用,以求有所发现。"(刘佛丁《经济史学创新的关键在于新理论和方法的引用》)先生更是一位身体力行的实践者,为开拓中国经济史学的新境界立下筚路蓝缕之功。

先生主持完成多项国家社会科学基金和原国家教委博士点基金项目,他在中国近代经济发展、周期波动、市场的发育及制度变迁等方面的研究上都取得了突出成就。他一直关心并着手进行中国近代经济史统计资料的推

算和编制工作,在《近代中国的经济发展》一书中,他对 1850 年、1887 年、1914 年中国国民收入的估算和构建的新经济史框架,填补了这一研究领域的空白,被国内外同行广泛引用。1996 年 11 月,先生应邀赴日,为日本一桥大学经济研究所承担的日本文部省重点课题"亚洲历史统计",作了"关于中国近代国民收入研究的现状和展望"的专题学术报告。他主持完成的原国家教委博士点基金项目和国家社科基金项目的研究成果《近代中国的市场发育与经济增长》《近代中国的经济发展》等,被国际同行誉为"无可类比的名著,可以称作是展示了中国近代经济史研究新方向的开拓性研究"。在此基础上,先生先后指导的"总需求的变动趋势与近代中国经济发展""近代中国旅游发展的经济透视""经济发展中的货币需求""近代中国经济发展中的国际资本流动""中国近代证券市场的效率分析""中国近代企业组织形态变迁研究""民初中国对日贸易论""近代中美贸易关系的经济分析""对外贸易的经济效益研究""近代中国经济发展中的财政政策(1927—1937)"等主题的用经济学理论研究近代中国经济史的系列博士论文,使他毕生致力于构建的运用经济学理论研究近代中国经济史的宏观框架更加丰满。

经过 10 余年的努力,先生与他指导的硕士、博士研究生运用经济学理论,从宏观到微观,全方位、多角度地研究中国近代经济的发展,取得了一系列高水平的研究成果。南开大学经济史学研究在国内外经济史学界独树一帜,被誉为"南开学派",为南开大学经济史学科在 2001 年成为全国唯一的经济史重点学科奠定了基础。

先生自 1981 年起担任南开大学经济史研究室主任。作为学科研究工作的带头人,他注重研究方法的探讨和创新,聘请国内外专家来校访学或开讲座,使南开经济史学科的科研、教学的发展与国内外顶尖研究保持密切的交流,在国内居于领先地位。科研工作和教学之外,先生还先后担任《南开经济研究所季刊》(1985—1988 年)、《南开经济研究所年刊》(1988 年)的主编,1990 年起接任《南开经济研究》主编。他宽厚的性格、对新的思想和研究方法所持的开放态度,为《南开经济研究》的发展和建设作出卓越贡献。

他任主编期间,《南开经济研究》在历届全国核心期刊的评定中均被列为重要核心期刊,在经济类核心期刊中排名居前;在天津市第三届优秀期刊评选活动中,《南开经济研究》获优秀期刊奖。作为南开大学经济学院的院刊,《南开经济研究》为南开大学经济学科的建设和发展发挥了重要的作用。

先生为人诚实、耿直,对学生和后进悉心指导、尽力提携。他淡泊名利、与世无争,对事业孜孜以求,执着而热忱地追求学术真谛,对各种困难和窘境都能以达观的态度坦然面对。1993 年,中国经济史学会理事会换届,先生被推选为近代经济史专业委员会主任,这意味着他可以同时出任中国经济史学会副会长,但是他却把专业委员会主任的职位让给时任上海社会科学院经济研究所所长沈祖炜。他的理由是年轻人更富有活力,应该给他们更多的机会,他坚持自己只做专业委员会副主任。先生广交国内外学术界朋友,赴中国香港参加国际学术会议,应邀赴美国和日本讲学,他的学术思想与人格风范赢得了国内外学术界同仁的高度赞誉。

在教学中,先生不仅是一位良师,更是学生们的益友,在给研究生讲课和指导学位论文时,他注重因材施教,总能根据每个人的素质和条件帮他们选好研究方向,毫不吝啬地把自己的思路和未发表的见解提供给学生们。我的硕士学位论文就是先生根据我本人的经济学专业基础,把他保存的开滦煤矿的资料提供给我,助我完成论文《开滦煤矿的资本集成和经营效益分析》,英文稿发表在英国剑桥大学出版的《现代亚洲研究》(*Modern Asian Studies*)上。

先生从 1973 年开始参与中国近代经济史讲义的编写,后由学校铅印作教材(20 万字)。改革开放后,他把运用经济学理论和方法构建中国近代经济史的研究体系,贯穿于研究生教学和教材建设中。他主编的《中国近代经济发展史》,是国内第一部以经济学理论构建分析中国近代经济发展史、具备全新框架体系的教材,被列为教育部经济学专业主要课程教材,1999年由高等教育出版社出版。这是该出版社在 10 余年没有出版中国经济史教材后,推出的一部全新体系的教材,一经推出就获得了学术界的广泛好评,在高校本科和研究生教学中广泛使用。

在 2001 年国家重点学科评估中,南开大学经济史学科成为全国唯一的国家级重点学科,学科队伍富有活力。笔者主编的"十一五"国家级规划教材《中国经济史》(高等教育出版社 2008 年 1 月出版),将刘佛丁先生的中国近代经济史教材的框架体系扩展到从古代到当代的中国经济通史教材,在各高校广泛使用且获得好评。之后,笔者作为第一首席专家主编的马克思主义理论研究和建设工程重点教材《中国经济史》(高等教育出版社 2019 年 1 月出版),使这个教材的框架体系更加完善,2024 年这部教材将出版第二版。这一切应是先生最欣慰的。

（作者系南开大学英才教授,博士生导师,南开大学经济史研究中心主任,经济史学科学术带头人）

【学人小传】

刘佛丁(1937—2000),笔名何立、思毅,福建闽侯人,著名经济史学家,毕生致力于中国近代经济史的研究和教学工作。1963 年毕业于南开大学历史系,留任南开大学经济研究所经济史研究室,历任讲师、副教授、教授,南开经济史国家重点学科奠基人。1981 年起任南开大学经济史研究室主任。1983 年起指导南开大学中国经济史专业硕士学位研究生。1990 年经国务院学位委员会审批成为中国经济史专业博士生导师。1991 年起任中国经济史学会理事。1993 年起任中国经济史学会近代经济史专业委员会副主任。1992 年起享受国务院颁发的政府特殊津贴。

经济史「南开学派」的领军者

刘佛丁：

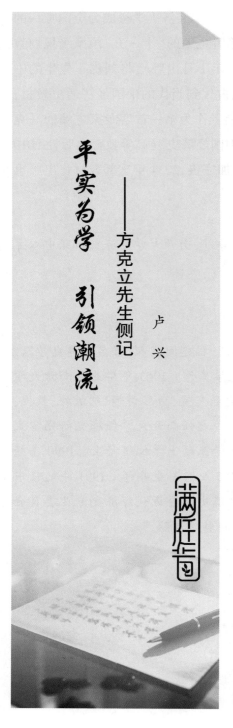

平实为学 引领潮流

——方克立先生侧记

卢 兴

方克立先生离开我们已经五个春秋了，但他的音容笑貌常常浮现在弟子后学眼前，他的学术创见和文化思想依旧是学界讨论的焦点话题，他的毕生藏书现存南开大学哲学院的书库中供师生借阅。2023 年 4 月，在多方的努力下，七卷本的《方克立论著集》由中国社会科学出版社出版。

余生也晚，第一次见到方先生是在 2001 年南开大学春季博士答辩会上，其时我还是一名大一本科生。当时先生专程从北京赶来，精神矍铄，讲话声调不高，但特别有深度。我真正和先生有接触是在读博期间。2007 年，我参与了南开大学主办的"综合创新与中国哲学的现代走向"学术研讨会的会务工作，会后根据录音整理了方先生的发言稿《综合创新之路的探索与前瞻》。留校工作之后,我与先生多有邮件往来,后来还经常去北京先生家拜访。2019年在南开大学百年校庆之际,协助先生编著了他生前最后一本文集《新世纪的文化思考》。先生在南开大学哲学院指导博士生一直到2011年,此后依然非常关心南开大学中国哲学学科的建设,去世之前还专门给我布置了藏书捐赠事宜。

我不是方先生的亲炙弟子,对先生的家学仅有耳闻,后来获赠先生兄妹合编的《高风楚天阔》一书,才对其父母有了比较具体地了解。方先生出身书香门第,父亲是著名历史学家方壮猷先生(1902—1970)。老方先生毕业于清华大学国学研究院,师从梁启超、王国维,后赴日本、法国深造;回国后历任武汉大学历史系教授、中南图书馆馆长、湖北省文化局局长、湖北省文物管理委员会副主任等职;长期研究民族史和宋辽金元史,著有《中国史学概要》《中国社会史》《宋元经济史稿》等著作;20世纪60年代参与考古发掘江陵望山沙冢楚墓,考证了出土的"越王勾践剑"的铭文。

方克立先生是方壮猷先生的第三子,1938年出生于湖南省湘潭县十四都青山桥乡思古堂。他在武汉读完了小学和中学,尽管家学条件优越,但父亲却并不希望其子继父业,而是鼓励他从事自然科学或工程技术科学。真正让方先生与哲学结缘的,是一个非常偶

然的契机。1956年高中毕业时,他本来准备报考理工科大学,但有一天班主任告诉他中国人民大学提前招生,学校已决定推荐他报考哲学专业。于是他便赶紧复习了几天就上了考场,结果在统考前收到了中国人民大学的录取通知书,并被告知不得再参加统考,他便在此机缘之下开始了以哲学为

业的学术生涯。先生晚年自述,由于父亲过早辞世,他直接继承的学术资源并不多,主要是无形中受到父亲治学态度和方法的影响:一是重视史料,言必有据、不发空论;二是重视唯物史观的学习和运用。

方先生在中国人民大学哲学系的专业是"辩证唯物主义和历史唯物主义",入学后在老师的带领下认真阅读了一系列马克思主义经典著作,打下了马克思主义哲学扎实的理论功底。1959 至 1960 学年,他因病休学在家,读到郭沫若的《十批判书》《青铜时代》等史学著作,受到很大启发。接着他又花了两个多月时间,初读了一遍侯外庐等人合著的《中国思想通史》,更深切地感受到了中国哲学之内涵丰富、博大精美。此后,方先生的学习和研究兴趣逐渐转到中国哲学史方面,而且终生都受到郭沫若、侯外庐唯物史观研究方法的影响。

1962 年 10 月,方先生毕业后留在中国人民大学中国哲学史教研室任教,主要任务就是给石峻先生做助教。1963 至 1964 学年,石公给该校哲学系四年级学生开中国哲学通史课,方先生等人在课后给学生做辅导,同时随堂听课,跟石公又系统学了一遍中国哲学史,弥补了大学期间的遗憾。方先生认真汲取前辈大家的学术养分,进一步增强了古典文献阅读能力和哲学理论分析能力,为日后开展教学科研工作奠定了基础。

方先生于 1973 年 1 月调入南开大学哲学系任助教,直到改革开放之后,他才能够全身心地投入到教学科研和学科建设中来。方先生在开展中国哲学通史教学工作的同时,也承担了教研室分配的科研选题"《实践论》与中国哲学史上的知行学说",他的研究成果后来经反复修改,形成《中国哲学史上的知行观》一书,1982 年由人民出版社出版。正当此时,中国哲学史学界出现了一股"范畴研究"的热潮,方先生的这本书因此也被视为改革开放以来出版的第一本中国哲学范畴研究专著,有"报春花"之誉。基于出色的学术研究成果,他成为学术界颇有名气的中青年专家,职称晋升也很顺利,1979 年晋升为讲师,两年后晋升为副教授,三年后被教育部特批为教授、博士生导师(当年全国哲学界只有 5 人)。1986 年,48 岁的方先生当选为第三届中国哲学史学会副会长。

1986年3月,方先生在原国家教委召开的"七五"科研规划咨询会上,作了题为《要重视对现代新儒家的研究》的发言,在这个发言中,他已经对"现代新儒学"思潮的产生背景、概念界定、代表人物和思想主张有了清晰的梳理,并明确亮出了马克思主义的研究立场。同年11月,方先生和中山大学李锦全先生共同主持的"现代新儒学思潮研究"课题,被确立为国家哲学社会科学"七五"规划重点研究课题,后来又被列为"八五"规划重点研究课题。他们领导一个由20余名中青年学者组成的课题组,进行了颇为活跃而又十分扎实的研究工作,在10年间完成的系列研究成果包括《现代新儒学研究论集》《现代新儒家学案》"现代新儒学辑要丛书""现代新儒学研究丛书"等,共计30余册。

在国家课题的带动之下,从20世纪80年代中期至整个90年代,"现代新儒学"一直居于学术研究的"显学"位置,在这一研究中,许多中青年学者也脱颖而出。可以说,方先生所开启的这项研究开拓了一个重要的学术领域,培养了一批学术新人。作为这项研究的倡导者和组织者,方先生对于现代新儒学的概念界定、基本特征、发展阶段、代表人物、得失评价、研究方法和目标等重要理论课题,作出了许多至今仍具有典范意义的论述。同时,他还注重总结反思这项研究中出现的各种倾向,及时予以立场鲜明的回应,力图使这一研究沿着正确方向深入下去。

1994年2月,方先生赴京担任中国社会科学院研究生院院长,同时依然受聘为南开大学哲学系兼职博士生导师,继续招收、指导博士研究生直到2011年。在处理繁重的行政工作的同时,方先生依然保持着思想家的敏锐和学者的勤勉,发表了许多重要的研究成果,将对中国文化未来走向的思考不断推向深入。

方先生的学术成就在中国哲学史学界得到公认,1999年他被推选为第五届中国哲学史学会常务副会长,2004年被推选为第六届中国哲学史学会会长,其后受聘为第七届、第八届中国哲学史学会名誉会长。

总体而言,方克立先生的思想创获与学术贡献,对近40年来中国哲学学科的发展和思想文化界产生了重要影响。20世纪80年代,他与前辈学者一起率先倡导中国哲学范畴和范畴史研究,深刻地影响了此后中国哲学史学科的研究范式和教材编写。他开创了"现代新儒学"研究的新领域,作为国家社科规划重点课题的主持人,把握引导课题组研究方向,其研究成果在海内外学界产生了巨大而深远的影响。他界定了中国现代思想史上中国马克思主义派、自由主义西化派、文化保守主义派"三大思潮"既对立又互动的格局,这一研究框架得到海内外学界公认。他较早提出了马克思主义哲学与中国革命建设具体实践、中国哲学文化优良传统之间的"两个相结合",总结了20世纪马克思主义哲学中国化的学术成就,并自觉承续这一学术传统予以创造性地推进。他提出了"马魂中体西用"论,对中国当代文化的发展方向展开前瞻性思考,将马克思主义"综合创新"文化观推进到一个新阶段。此外,他还关注、支持和倡导湘学研究、中医哲学研究、船山哲学研究、张申府张岱年思想研究、冯契思想研究等多个学术领域,多有前瞻性、指导性的研究成果问世。

方先生曾将自己一生治学做人的特点概括为"平实"二字,这也是其性格和文风的真实写照。这种"平实"精神就是先生留给后学最宝贵的精神遗产。

(作者系南开大学中国哲学研究中心主任,哲学院教授、博士生导师)

【学人小传】

方克立(1938—2020),著名哲学家、哲学教育家。南开大学中国哲学学科开创者,中国社会科学院学部委员。历任南开大学研究生院副院长、天津市社科联副主席、中国社会科学院研究生院院长、北京市学位委员会副主任委员、中国哲学史学会会长、国际中国哲学学会会长、国务院学位委员会哲学评议组召集人。生前出版有《中国哲学史上的知行观》《现代新儒学与中国现代化》《中国文化的综合创新之路》《新世纪的文化思考》等专著,主编有"现代新儒学研究丛书""20世纪中国哲学与文化研究丛书""20世纪中国学术论辩书系·哲学卷"等丛书,《中国哲学大辞典》《中国哲学史论文索引》等工具书,以及《中国哲学名著选读》《中国文化概论》《中国哲学与辩证唯物主义》《中国哲学史》等多部国家级教材。

刘泽华先生素描

李宪堂

刘泽华先生是当代中国为数不多的能够开宗立派的史学家之一，是一个直面现实而又悲天悯人的真正的思想者。20世纪70年代末，他与王连生先生合作，以《关于历史发展的动力问题》等系列文章拉开了中国学界思想解放的序幕；他带头破除泛阶级斗争说的教条束缚，在考察专制王权形成的过程中发现了战国"授田制"的秘密，随后以《士人与社会》（先秦卷）一书引领了持续30年不衰的社会史研究热潮。20世纪80年代以后，他潜心于中国政治思想史研究，系统分析了传统政治文化的要素、结构和原理，探讨了专制王权产生、强化的途径与过程，同时对王权政治体系控制与塑造社会的手段、方式及其表现形态做了具体的论证。最终,他以王权主义为核心概念,构筑了一套具有完整历史观和鲜明方法论的理论体系——王权主义学说,为中国历史和传统文化的研究提供了一个切实可用的宏观阐释框架,从而为当前史学重新赋予了对社会历史之深层演变的解释能力。

作为刘泽华先生的学生,能够亲受先生教诲,是我三生有幸的机缘。还记得第一次跟先生见面的情景:那是 1990 年 4 月的一天,我从山东聊城来到天津,在朋友陪同下去水上公园边上的干休所拜访先生。当时他因身体不适正在那儿疗养。一进门,就见身材高大的先生迎了上来,脸上洋溢着笑意,目光专注而坦诚,周身带有一种温煦的气息。他向我伸出手,我赶紧向前握住。先生握手姿态随和,用力适中,没有任何虚夸和敷衍。忘了一开始说的是什么话了,只记得先生谈吐风趣,寥寥几句话就消除了我的紧张感。在去干休所的路上,朋友曾给我打过"预防针",说先生为人还是有些严肃的,平常不苟言笑,要做好心理准备,不要紧张。现在想来当时我确实没怎么感到紧张,反而有种一见如故的感觉。显然,先生是一个掌控对话情境的大师,总会在不经意间引导话题,不会使人有被动、拘束的感觉。

凡是跟先生接触过的人,谈到对他的感受和印象,恐怕会不约而同想到这八个字:"威而不怒,和而不流"。先生绝不是一个随便的人,但也从不会使人因敬生畏、感到高不可攀。他举手投足之间,有一种隐隐约约的威严在,这一点身边的人都能感受到;他是温和的,但这种温和是以坚守是非原则为前提的,所以不会流于漫无际涯的迁就或妥协。他的赞许总是来于发自内心的欣赏,他的批评总是源自帮助别人的真诚——他是一个带有强大气场的人,这气场是开放的、包容的,不会使人感到压力,反而会使人有一种如坐春风的感觉。

先生口才好,讲话不仅逻辑谨严、鞭辟入里,而且幽默风趣。刘氏幽默自有特色,属于那种冷不丁抖个包袱,或郑重其事正话反说的冷幽默。

记得我跟随先生攻读硕士研究生时,正是 20 世纪 90 年代初西方思潮大举进入国内之时,大家如饥似渴地汲取来自异质文化的营养。先生像年轻人一样,对新事物、新思想充满渴望。他要求我们发现有价值的新书,特别是发现新的理论和方法,要向他推荐、介绍。那时我们每个礼拜至少去先生家一次,谈论的话题古今中外无所不包,当然更多的是哲学和时事。同学们年轻气盛,喜欢表现,每当自以为发现了点什么,便侃侃而谈,高谈阔论,全然不知什么叫卖弄浅薄。先生总是笑眯眯地盯着发言者,听得津津有味,当然时不时会提一个问题。当发言者宣讲完毕,正顾盼自雄、洋洋得意时,他会突然来上这么一句:"瞎说啊,你就瞎掰扯吧!"

先生自己很有个性,也理解和尊重学生的个性,无论在学术还是生活方面。他从来不强求学生们遵从自己的研学路数、接受自己的观点,常称自己的学生为"老弟",强调跟学生"亦师亦友"。也许是因为"物以类聚、人以群分"的缘故吧,先生的学生大都个性飞扬,有的甚至桀骜不驯,但无论多么冥顽强硬,在先生面前都会收敛锋芒,归心俯首。在先生看来,没有什么好学生、坏学生的区分,有的只是个性的差异,没有人是不可以被教化的。我有一个师兄,生性过于质实,也可以说是情商多少有些问题的人,因而在"江湖"上名声不是太好。他参加博士考试时,尽管成绩不错,考官们却都不打算录取,而先生力排众议,将其收至麾下。该师兄受业迁化,终成一方之才。

很多人都认为,先生是一个天生的领导者,是一个"有手腕的人"。然而,先生的手腕,绝非翻云覆雨的卖弄机巧,也不是上下其手的自作聪明,而是对人性之张力的精准把控,是在复杂情势之下面对艰难取舍时的变通和权衡。他是有底线、讲原则的,擅长运用规则来处理事务,善于通过讲"道

理"来消解矛盾,因而总能在制度刚性和情理弹性之间保持一种微妙的平衡。从年轻时代开始,先生从来没有因为私利与他人发生过冲突,当然也会有得罪人的时候,但那都是因为工作,并且总是出于公道,有理可据、有规可循,因而对方在时过境迁或了解真相后都会释然。先生晚年可谓德高望重,有一定的影响力,但他从来不会滥用他的影响力,甚至从来不主动使用他的这种影响力。无论做什么事情,他都从规则出发,坚守程序合法性。如果规则上出了问题、程序不合适,他会提出反对意见,但不会利用人情、利用个人的影响力强迫别人去做对自己有利的事情。

如果用四个字来概括先生的一生,那就是"好学深思"。先生一生几乎没什么业余爱好或不良习惯:不抽烟,不喝酒;不会唱歌,不会跳舞;下棋、打扑克等更是不沾边。除了日常教学、行政工作,还有来访者接待和必要的亲朋应酬,每天就是读书、写作,数十年如一日。就实说,先生的学术天赋并不是最优秀的,但像他那样秉精不杂、心无旁骛,绝对不是一般人所能做得到。不了解先生的人,倘若只是读过他几篇文章,也许会不以为然,会认为先生所论述的不过是一家之见,文字也不是特别精彩,甚至带着一股土味,并且时有不合语法规范之处。然而,如果对先生上下求索的历程有一些基本了解,对他孤独开拓的思想世界有一个整体性认识,就会被他那悲天悯人的孤迥和与时俱进的坚持所感动,从而戚戚然有得于心,体会到先生"卑之无甚高论"的文字背后那种逼视现实、直透人心的力量。

先生称自己是从教条和迷信的束缚中一点点"蠕动"出来的。对他来说,做学问的过程就是精神拓展和人格成长的过程,就是与历史对话、与现实抗争的过程。几十年孜孜以求,奋力前行,数百万字的作品建构起一个庞大的、富有阐释力的王权主义批判体系,其中每一点进展的取得都需要付出劳苦,而他从来没有想到过放弃,他的每一个判断都是一锤一锤从历史的岩石上敲下来的,每一个结论都像考古学家手中的文物,是一铲一铲地从岁月的地层里掘出来的。他的著作不是每一个字都恰当准确,却没有一个字是空洞的、轻飘的。

先生对学问的热爱是发自内心的。他晚年听力不好,需要凭借助听器才能与人正常交流,遇到噪音比较多的场所就只能勉为其难了。参加学术研讨会时,他总是异常费力地"竖着耳朵"听讲,有时候一脸茫然的样子令人心疼。发言人演讲时,哪怕是一个名气不大的后生晚辈,他也会把座位调到其身边,"为君侧耳仔细听"。发言人换了,他也跟着换地方。老人家皓发如雪,往往是座中最年长者,听讲却最认真、最卖力。那种求知的真诚和执着令人肃然起敬。

如果非要找出一项属于先生的"业余爱好",那就是文物收藏。其实先生本人从来没有把这种爱好视为正事之余的消遣:收藏是他知识架构中的一个有机组成部分,他是"用收藏诠释思想"。先生在收藏方面投入的不仅是金钱、时间,还有情感。每当有所斩获,他都会呼朋引伴,一起把玩欣赏,往往乐而忘饥。因为经济条件所限,不能大进大出,只能溜边捡漏,然而先生多年来持之以恒,藏品倒也有了一定规模,其中不乏精品,用金钱衡量恐怕也是一个不小的数目,但他从来没有把收藏看成一种投资,从来没有算计收益回报的多少。去世之前,他把毕生收藏捐赠给南开大学博物馆,没有一丝留恋和不舍。这就是刘泽华先生:他的心是柔软的,一旦面对义之所在却又坚硬如铁。

回望先生一生,筚路蓝缕,与时俱进,在扎实的学术研究中体现了强烈的现实关怀,表明一个真正的历史学家应当作为人类自我反思能力的体现者,通过思考过去理解当下和未来,并坚持批判的立场对现实发出自己良知的声音,从而为当代学术界树立了一个为真理、为道义而勇于担当的学者的楷模。

斯人虽去,风范常在。有时候,我会一个人对着先生的照片发呆。先生那瘦硬清癯却精神通透的形象像一面镜子,往往在不经意间照出我的怯懦和萎靡。每当那时,我都会不由自主地意识到:做一个真正的学者是需要勇气的,比知识本身更重要的是对知识的诚实。

(作者系南开大学历史学院思想史研究中心教授,社会史研究中心研究员,博士生导师)

【学人小传】

刘泽华(1935—2018),当代著名史学家,南开大学思想史、社会史学科主要创始人,"南开学派"(王权主义反思学派)的领军人物,曾任南开大学历史系主任、中国社会史研究中心主任、校务委员会委员,兼任天津市社科联常委、天津国学研究会会长及先秦史研究会理事等,主要从事中国古代史、中国政治思想史、政治史、知识分子史、历史认识论等方面的教学和研究,代表作有《先秦政治思想史》《中国的王权主义》《中国传统政治思想反思》《先秦士人与社会》等,《刘泽华全集》(12卷)2019年10月由天津人民出版社出版。

刘泽华先生素描

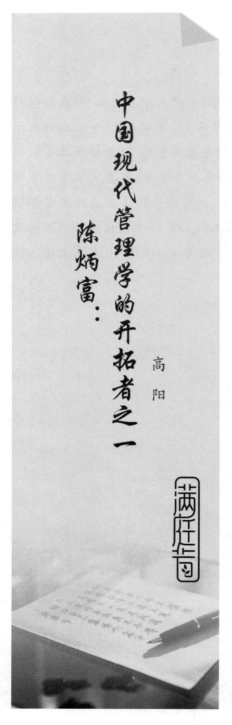

中国现代管理学的开拓者之一

陈炳富：

高 阳

南开大学校园内矗立着一块"智圆行方"的石碑，这是南开商科一条重要的育人理念，已经成为几代学子的精神内核。这四个字也是陈炳富先生为人治学特点的高度概括。

陈炳富先生 1920 年 12 月出生于安徽和县。尽管年少时家境贫寒，但他笃志好学，学业成绩优异，自 1934 年在县立初中求学起，多次获得奖学金。1937 年始读于湘西高中。1940 年考入内迁贵州湄潭的浙江大学外文系。翌年，转考入昆明西南联合大学经济学系。他思想进步，在校期间参加进步读书会，积极学习马克思主义经济学。时值乱世，先生倾向革命，亦不忘学业，主编壁报《论衡》和《经济论衡》，经常发表进步言论,为校内翘楚,受到师生的注目。先生 1945 年毕业,1946 年冬到南开大学任教,先后在经济研究所、经济系、管理学系任助教、讲师、副教授、教授,1980 年任新创办的管理学系主任。2011 年,中国管理科学学会授予先生管理科学领域唯一一个由中央单位组织评选的"管理科学奖"(学术类),以表彰他为中国管理学科重建所作的历史性贡献。

在国际影响方面,先生曾任南开大学加拿大研究中心主任、中国管理科学研究会学术委员会主席、欧洲国际市场学会(EMAC)常务理事和国家协调员等。他广泛招揽国际人才,布局管理学系的国际平台,开拓了与加拿大、美国、日本等国高校的交流合作基础。他倡导的中加联合培养 MBA 和博士项目被誉为"南开—约克"模式,堪称中国管理教育史上的创新经典。他的学生张文中回忆说:"陈先生身体力行,他致力于开展国际交流,在管理学的研究和教学中积极采用英文原版教材,并请外籍教师直接用英文授课。"

陈先生提出的重估中国传统智慧、建设中国特色管理学的比较研究思想,依然是今天管理研究的热点和重要愿景。他较早注意到中国传统文化中的管理思想和宝贵经验,提出自古至今中国有许多管理实践与管理思想值得探讨、研究、总结,应创造出一套具有中国特色的社会主义现代化管理理论。他认为西方只有管理科学,没有哲学思想,我们中国人要用中国的文化解决中国的问题。他从古人的智慧里提炼的"智圆行方"的管理学科育人理念,持续塑造着广大南开学子的品行。

先生在国内率先提出古代兵法在现代经济管理中的借鉴和应用的命题,将《孙子兵法》与古代经济管理学结合起来进行探讨与研究,发表了大量功力深厚、富有新意的著述,有力地推进了中国古代管理思想的研究,不但受到国内管理学界和史学界同仁的推崇,还引发了西方学者的浓厚兴趣和合作愿望。先生的学生、南开大学商学院戚安邦教授回忆说:"陈先生治学非常严谨,当时我们上学的时候,《道德经》《孙子兵法》都是要求背诵下来的,上课就是研讨,类似于《论语》讲的'子贡问为仁。子曰……'都是一问一答、研讨、辩驳,先生博学强记且孜孜不倦。有一年,年事已高的他去国

中国现代管理学的开拓者之一 陈炳富:

外探亲,利用三个月的探亲时间,坚持把学生不容易理解的文言文翻译为白话文。他曾经把《孙子兵法》翻译成英文版,海湾战争的时候曾有一美国将军想找陈先生要这本英文版《孙子兵法》,但是他没给。"

陈炳富先生以一个战略家的远见卓识,提出了理论与实际结合、学科结合、古今结合、中外结合"四结合"的观点。四个"结合"既是管理学科的办学思想,更是指导中国特色管理学研究的基本原则和思路。他时刻关注国家发展的需要,早年发表的一系列论文切中时弊,有补于制度,跃动着一颗拳拳赤子之心,也奠定了他的治学风格:研究紧随时代的发展,解决现实中的问题。他在指导学生作论文设计时,曾鼓励学生进行管理学新视角的研究:"不要只考虑题目难不难,要想对社会有没有价值。"而且他一直坚持理论研究与社会实践相结合,曾长期深入企业作调查,风雨无阻,很多企业的人自称是他的学生。去自行车厂时,他每天骑一辆非常简陋的车子出入,老教授的俭朴生活和做学问的认真,给当时的人们留下了难以忘怀的印象。许多当时曾求教于陈先生的企业领导人,说起这些事来,依然满是敬仰。

陈先生十分重视培养兼具多种学科背景的人才,发挥各学科特长,以多学科结合的优势去解决定性和定量的问题,甚至亲自去不同学科挖掘人才,会聚到南开大学商学院管理学系。1990年,陈先生与国务院原总理朱镕基同志开始联合培养战略管理方向的博士研究生。同年,他招收了国内第一位美籍博士生。曾有位韩国籍博士生求学于陈先生门下,语言沟通和学习压力都大,陈先生就请英语能力较好的学生戚安邦帮他排忧解难。陈先生对这名韩国学生特别关注并青睐有加,后来这名学生不仅成绩斐然,更成长为南开大学商学院的教授、博导,对天津、对南开感情深厚,在中韩之间教育、经济、文化等领域的交流活动中,发挥着重要的桥梁作用,并于2023年8月被天津市人民政府授予天津市海河友谊奖提名奖。

陈先生展现的兼收并蓄、平易近人的大师风范,为当今高等院校师德建设树立了光辉典范。戚安邦教授回忆说:"我得知自己博士被录取的时候,恰好也申请到了国家留学基金委的资助,可以去美国留学进修。当时陈先生问我的个人意见,我说我可以放弃去美国、读您的博士生。但是陈先生的意见却是,你入学后就去美国,回国后继续读博,不要耽误个人的发展。陈先生当时的决定是特别大公无私的,他就是惜才爱才,想创造一切机会供学生成长,这种师德风范一直影响着我。"张文中回忆说:"记得我们当时常常会晚上去陈先生家。往往是上一拨还没走,下一拨就到了。工作了一整天的陈先生尽管很累,但他对学生始终充满激情,对大家在学业上、生活上的各种问题,总是耐心细致地释疑解惑。"经陈先生亲自指导的硕士、博士遍布海内外,且大都在管理学科和其他领域作出突出贡献。陈先生在退休后仍关心我国管理教育的发展,曾在病床上给时任国务院总理朱镕基同志写信,就加强我国高校管理学科师资队伍建设等问题提出建议。

今天的南开大学商学院已经成为拥有国家级重点学科、重点研究基地和国家社科创新基地的实体化学院,已逐步成为中国商科人才的培养重镇,中国特色管理学理论体系的创新高地,服务经济社会的高端智库平台,"中国情景、中国理论、国际表达"的重要国际交流平台。腾飞的商学院与陈炳富先生生前呕心沥血的工作息息相关。

陈炳富先生一生虽然经历过很多坎坷,但是他从来没有抱怨过生活,永远是一种从容淡定的状态,不计较个人得失。他以严谨的学理训练、深沉的现实关怀,探讨传统文化的价值重建,推动现代化的管理学创新。特撰此文,以抒缅怀之情。

(作者系南开大学商学院学科发展办公室主任)

【学人小传】

陈炳富(1920—2010),安徽和县人,著名管理学家、教育家。1946年受聘南开大学,曾任南开大学管理学系首任主任、中国科学院管理学部的学部委员候选人。20世纪80年代初,他主持了南开大学恢复商科(管理)教育的工作,组织成立了国内最早以"管理学"命名的系科。1980年以来,他主持完成了16项国家和天津市重点研究项目,先后出版专著、教材、译著、工具书 30 余部,发表学术论文 100 多篇。特别是由他任总主编的"南开大学管理系列教材"和"南开大学现代管理译丛",为国内管理学科的发展起到了重大推动作用,为南开大学管理学科在国内赢得了较高声誉。

滋兰树蕙　研学育才

——记恩师何伯森先生

张水波

何门立雪幸君缘，师恩殷殷薄云天。

经年教诲如父语，万丈厚谊越天山。

冰心唯有藏玉壶，师魂当铸白云巅。

何处师生如父子？菩提树下北洋园。

　　2018 年 3 月 2 日一早，一种莫名的情绪
萦绕心头，突然想到这天是恩师何伯森先生
去世一周年的祭日，情郁于中，于是写下了上
面几句文字，寄托对先生的哀思与感激之情。

　　何伯森先生是我国国际工程管理学科的
开拓者和奠基人，天津大学国际工程管理专业创始人，著名国际工程管理专
家。我与先生相识于 1988 年 9 月，当时我是一名大三的学生，在天津大学
外语系科技英文专业学习，经班主任谢亚琴老师的推荐，跨系到水利系国际
工程管理试点班辅修，而这个试点班就是先生创办的。初次见到先生，是在
他主讲的国际工程承包课的课堂上。先生高高的个子，消瘦的体型，目光清
澈，讲话声音虽不高，但清晰而干净。此时先生已经 56 岁，但看起来要比实
际年龄小很多。由于我是插班，其他学生都来自水利系，先生在开始上课前
还特意表示欢迎来自外语系的同学。下课后，他把我叫到办公室，将他的讲
义油印稿赠送我一份，鼓励我好好学习这门课。没想到，这第一堂辅修课就

开启了我与先生 30 多年的师生情。

何伯森先生祖籍河南舞阳，1932 年 6 月 21 日出生于济南一个书香世家。抗日战争爆发后，随父母迁居重庆。1944 年，他考入张伯苓先生创建的重庆南开中学，1950 年考入北洋大学水利系。1953 年，先生提前一年大学毕业，留在天津大学水利系任教，投身钟爱一生的教育事业。1990 年年初，先生从水利系调到管理工程系并担任系主任。

走进天津大学校史博物馆，在二楼的一隅能看到颇有时代感的一个后备师资培养名单，先生的名字赫然在列——20 世纪 60 年代，天大在全校教师中遴选出 80 人作为重点培养对象，这些后备力量后来都成长为国内各学科领域的学术带头人，成为我国教育科学事业的栋梁之材。早期在水利系工作时，先生任水利馆实验室主任，在国内第一次采用激光全息照相技术用于水工实验，迅速成长为骨干青年教师。调任管理工程系任系主任后，他以非凡的勇气和出众的才能，筹建了我国第一个国际工程管理本科专业；组织近百名专家学者，编写出版了我国第一套完整的国际工程管理系列教学丛书；承担了我国第一项关于创新基础设施投融资建设自然科学基金项目，取得丰硕的教学科研成果。先生是国际咨询工程师联合会在其出版的国际标准红皮书中唯一致谢的中国学者。他职业生涯共获得 13 项国家级和省部级教学科研奖荣誉，曾兼任我国建设监理协会副会长以及三峡、小浪底等重大工程咨询顾问，成为我国国际工程管理领域最有影响力的学者。先生常常因"文革"耽误的十年而感到惋惜，年近五旬时他以非凡的勇气开始自学英文，并达到了很高的水准。退休后仍然笔耕不辍，写下大量的国际工程管理学术著作和论文，直到去世前一年，还出版了学术专著。

先生为培养青年教师倾注了大量心血。1990 年 7 月，我大学本科毕业，正为工作去向拿不定主意。当我就工作问题请教先生时，他说学校国际工程管理方向师资匮乏，建议我留校任教。能在先生的指导下学习和工作，我当然求之不得。当时本科留校任教是一件极困难的事情，经过先生多次奔走和与学校各部门协调、推荐，最终申请报告得到时任校领导吴咏诗校长的批准。我也幸运地成为天大管理工程系的一名教师。

高校教师的教学科研工作要与实践相结合,这是先生一生秉持的教育思想。先生不仅身体力行参与国内外重大项目的咨询实践工作,还引导我们青年教师参与工程实践。在他的推荐下,作为青年教师的我先后随中国的国际工程企业,前往中美洲、非洲等地从事国际工程实践,为后续的教学研究打下坚实的实践基础。1994 年,我从国外回到学校,在先生的鼓励下,考取管理工程系的硕士研究生,并在他的指导下,对国际工程管理学科进行了系统的理论学习。后来我又在他的推荐下,赴香港大学建筑学院攻读博士学位。跨专业学习的难度可想而知,每当我在学习过程中碰到困难而气馁时,先生总是不断地鼓励我,他常常对我说的一句话就是:年轻时只有奋斗过,人生才不会后悔。我在博士论文致谢中写道,如果不是先生一直给予的精神感召与激励,我可能完不成我的博士研究。

作为一名资深教育工作者,先生对我的培养只是他对青年学子关爱的一个缩影。即使先生退休多年,到他科学图书馆115 办公室求学问道的青年教师与学生仍络绎不绝。不管是谁、不管什么时间,都可以推门而入,他的办公室成为师生们回忆中的"圣地"。不但答疑解惑,他还愿意为学子们做很多"小事":学生调动工作,他多方向用人单位引介推荐;每逢收到世界各地的学生发来的邮件、短信,他都会一一认真回复;多年不见的学生回校探望他时,先生都会送上自己的新书,并把学生的名字准确地写在扉页上,从未记错过。他的口头禅是:作为老师,就要热爱学生。在他办公室的墙上书有"滋兰树蕙"四字,这是他一生的追求,也是他一辈子从事教育事业的自我写照。先生身上散发出的人格魅力,深深地感染了一代代天大青年学子。正如一位毕业多年的校友所言,"对于天津大学工管专业的学子们来讲,何老师就是一个坐标,无论天大工管人身在何处,都永远记得回母校的那条路"。

先生也是一位具有家国情怀和前瞻视野的大学者。20 世纪 80 年代,他作为技术顾问,随中国公司前往中东承建伊拉克底比斯大坝工程。他发

现,工程商务合同管理方面的薄弱,导致我国公司在工程实施过程中多次吃亏。这次国际工程实践经历让他深深感到,在我国改革开放的背景下,亟须培养一大批具备高水平、适应我国对外开放新形势的高级管理人才,才能使我国对外经济交往的利益得到维护,外经事业健康发展。先生多次跟我谈到,这也是他创办国际工程管理专业的初衷。作为国际工程管理学科创始人,先生一直关心着国际工程管理人才的培养。2012年年初,我们几个先生的学生和社会上一些同仁筹划成立何伯森国际工程管理教育发展基金,以奖励优秀学子,激励他们从事国际工程事业,同时也作为先生80寿诞的贺礼。当我向先生汇报这一想法时,他非常高兴,当即表示自己也要为基金捐款。作为一名早已退休的教师,先生并没有太多的积蓄,因此我们婉拒了他的捐款。没想到的是,2012年11月下旬的一天,由于办公楼电梯故障,已经80岁的先生与师母洪柔嘉教授爬了6层楼,气喘吁吁地来到我办公室,双手颤抖着将装有10万元现金的一个纸袋交到我手里,说这是他个人给基金的捐款,无论如何让我收下。在基金启动仪式上,先生回忆起自己儿时遭遇日寇侵华,烽火连天的岁月里深感国家积贫积弱,他不禁热泪纵横、几度哽咽。他真诚地表示,自己的梦想就是能为我国国际工程事业培养更多的专业人才,为中国外经事业享誉国际作出更大的贡献。

先生的一生是奋斗的一生。他扎根天津大学,辛勤耕耘60载,教学科研与行政管理工作硕果累累。他在自己最后完成的一本著作的后记中写道:"光阴似箭,一转眼,跨入了'80后'的行列,回顾数十年来自己的学习与工作,我把对事业的梦想纳入追求国家富强、民族振兴、人民幸福的中华梦中去,充分地享受着为事业而拼搏的幸福和快乐。我想,这就是人生。"这是先生的文字,也是他一直以来践行的准则。先生逝世8周年了,可以告慰先生的是,天津大学国际工程管理专业培养的学子已山花烂漫,遍布全球一百多个国家,成为我国奋斗在"一带一路"建设中的一支重要力量。

斯人已逝,风范永存。先生拳拳的家国情怀、孜孜不倦的求知精神、呕心沥血哺育人才的高尚品格,将永远激励着我辈后生努力前行。

(作者系天津大学管理与经济学部教授)

【学人小传】

何伯森(1932—2017),河南舞阳人。1953年毕业于天津大学水利系,此后留校任教,先后在水利工程系、管理工程系从事教学、科研工作。1989年至1995年担任天津大学管理工程系系主任。曾任中国建设监理协会副会长、原建设部高等学校土建学科教学指导委员会副主任、中国对外承包工程商会专家委员会副主任、中国国际经济贸易仲裁委员会仲裁员等职务。主持创办我国第一个国际工程管理专业,组织近百名国内外专家编写了我国第一套"国际工程管理教学丛书",填补了该学科空白。将国际咨询工程师联合会(FIDIC)的经典合同范本引入中国,并在范本修订过程中发出中国声音。承担世界银行、亚洲开发银行等委托的多项重大课题,出版《国际工程合同与合同管理》等著作8本、译著8本,获国务院政府特殊津贴。

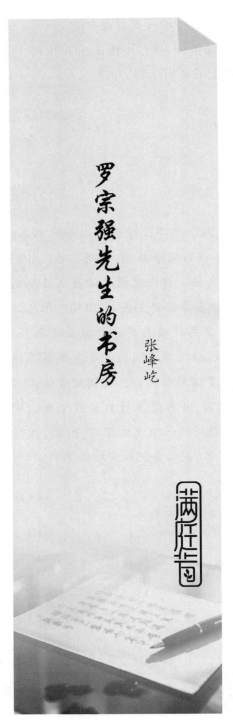

罗宗强先生的书房

张峰屹

恩师罗宗强先生驾鹤道山将近 5 年了。我总是不自觉地回想起与先生在一起的情景,先生的指点和教诲、表扬和批评,抑或轻松愉快的闲谈,大多发生在他的书房里。

1995 年 4 月,我第一次拜见先生,就是在南开大学北村四号楼先生的书房。那一年我报考先生的博士生。其时,我已过而立之年,在内蒙古大学做讲师。授课之余,反复拜读先生的《李杜论略》《隋唐五代文学思想史》和《玄学与魏晋士人心态》,惊诧于学术著作竟能写得这么引人入胜,兴味盎然。尤其先生的语言表述,竟能实现清晰准确与灵动多姿水乳交融,清明的思维逻辑和真挚深沉的感情完美融合,让人一读就放不下。这和以往的学术著作太不一样了，我感到由衷地钦佩和向往！

首次拜见先生，我内心充满了崇敬和惶恐——这主要缘于先生誉满学界的声望，以及我自己的无知寡识和不自信。先生那年64岁，清癯干练、步履矫健，他在书房接待了我。具体说了些什么已经记不清了，印象最深的，一是先生思想敏锐、洞察细微，那温和而犀利的眼神，那一口听不大懂的粤式普通话，以及不等我回答完毕就提出另一个问题的谈话情景，犹在目前耳畔；二是先生的书房，两壁到顶的灰蓝色木制书架上整齐地排满了书籍，一张同样颜色的写字台摆放在靠窗一侧的地中央，桌面上放着很多书，有的打开，有的堆叠在一边。还有一组黄面黑格的绒布沙发，一个木架玻璃面的茶几，茶几上也堆满了书籍。书架和写字台的样式很普通，一看就是在小家具作坊定制的那种，有些地方已经变形；沙发也是那个年代最常见的弹簧坐垫式。唯一显得比较高档的，就是那把黑色人造革面的高靠背转椅。简朴、丰富而有秩序，这是我对先生书房的最初印象。

入学后第一个学期，先生讲授《庄子》，就在他的书房。每周去上课，先生都为我们泡上好茶，有时还会摆一盘水果，感觉特别温暖。先生的授课方法与众不同，不是他讲，而是要我们讲，他来批评指点；不是要我们只读一种本子，而是指定多种具有代表性的《庄子》注本，一起对读讲解。这种讲读法，真是令人生畏。可是一个学期认真扎实地读下来，竟收获了意想不到的学习效果。毕业多年后，我在拙著《跬步集·后记》里，写下了随先生研读经典的心得体会："读一种经典，就可以了解某一侧面的学术发展史梗概，可以对文本本身认识得更为细致清晰准确，可以锻炼思维的明辨，可以发现值得研究的问题。经常这样读书，就可以建立高瞻远瞩的学术视野，可以树立一种优良的学术态度，可以达到事半功倍的效果。"我自己在指导博士生之始，就一直沿用先生教授的读书方法，带领学生细读经典，让他们体悟这种读书法的益处，期望能薪火相传。

这间书房见证了先生的学术创见及丰硕成果。先生的学术贡献集中体现在他开创了"中国文学思想史"学科。1986年，上海古籍出版社出版了他的《隋唐五代文学思想史》，这部著作极大地拓展了以往"文学批评史"学科的研究范围,不止于研究理论表述形态的文学理论批评,还把同时期实际的文学创作倾向也结合进来,综合论断隋唐五代时期的文学思想,由此奠定了"中国文学思想史"学科的基础。此后,先生进一步完善了这一学科。他发现,文化思潮、文人的生存状态及其处世心态,对文学思想的演进也起着十分重要的作用;而政治的、社会的、文化思潮的种种外部因素,都是通过士人心态这个中介,对文学思想发生作用的。1991年出版的《玄学与魏晋士人心态》一书中,先生翔实论述了玄学思潮与魏晋士人心态变化之间的密切关系,进而说明士人心态的变化如何影响他们的审美情趣和对文学题材的选择,甚至影响了文体的演变。这就严密完善了"中国文学思想史"的思想逻辑,使这一学科更具科学性。先生1996年出版的《魏晋南北朝文学思想史》,便是在理论批评与创作实际综合考量的基础上,再加入这个时期士人心态的研究,从而把政局社会、文化思潮、士人心态、文学实际创作倾向与文学理论批评融会在一起作综合考察,形成逻辑严密、思理完善的全新的古代文论研究范式,标志着"中国文学思想史"学科的完善和成熟。此后,先生于2006年出版的《明代后期士人心态研究》,2013年出版的《明代文学思想史》,都更加丰富了这一研究范式的勋绩。

1996到1997学年,先生应邀赴新加坡国立大学讲学,带师母同去。先生的女儿远在深圳工作,我便受命住到先生家里。先生的书房,这一年也就成了我的书房。我不仅可以随意使用先生的书籍,还可以使用他新购置的电脑。那时电脑还不普及,更没有家用互联网,电脑的作用就是打字和打印文稿。先生家里的台式机还是"386型"的,九吋的显像管显示器,文字处理系统是WPS。不过在当时,那已经是最先进的电脑了,售价超过万元,异常贵重。电脑就摆在写字台旁的小桌上,先生出国之前,手把手教会我怎么建文档、打字和打印。同时,还为我准备了20个航空信封,上面都已打印好先生在新加坡的英文通信地址,而且都贴上了足资的邮票。先生嘱咐我,学业上有什么问题,可以用电脑书写打印,装在那些信封里寄给他。我这才恍然大悟:原来先生是为了随时关注、指导我的学业,又不想让我花费昂贵的国际邮资——他把一切都为我考虑到并且准备好了。

这一学年,除了吃饭、睡觉,我就一直待在先生的书房里,读书思考,撰写博士论文,过得非常充实而高效。除了学位论文的大部分外,我读博期间发表的8篇期刊论文,大多也是这时完成的。现在想想,如果这一学年不是待在先生的书房,我的毕业论文可能就不会写得那么顺利。因为,这里不仅有足够使用的书籍、静谧适宜的环境,更有先生那简朴、丰富而有秩序的"书房气息"的感染、鞭策和启迪。

1997年夏秋之际,先生偕师母回国。不虞几个月后,先生患上了重症肌无力病。转年3月,先生到北京东城区的北京医院住院治疗,我们在读的几个师兄弟轮流随侍照护。因为肌无力,先生睁开眼睛看东西会很吃力,也不利于说话。主治医生不断要求他不要看书,少讲话,多静养。为此,先生感到非常抱愧,不止一次对我说:"因为我的病,耽误了你们的学业。"同样的话,他也对前来探病的好友傅璇琮、张少康、黄克等学术前辈说过。实际上,先生并没有放松对弟子的学业指导。他总是趁医护人员不在病房的时候,跟我们说论文谈学问,指点学术路径。那年5月,我和同届师弟将要毕业答辩,先生就躺在病床上,特别吃力地审阅我俩的学位论文。每人20万字左右的手写文稿,厚厚的两大摞,先生逐页仔细阅读。我守在旁边实在不忍,就要求念给他听。先生听得非常认真,有时要我回过头把这段再读一遍,有时就把文稿拿过去自己细看。每到有需要修改的地方,先生口述修改

罗宗强先生的书房

玄学与魏… 明代后… 魏晋南北朝文… 唐诗… 隋唐五代文学思想史

意见,我就伏在病床上记录下来。我经常就这样泪眼蒙眬地笔录先生的批改意见,包括后来答辩必需的导师对论文的整体评价意见,也都是这样记录下来的。先生住院的这几个月,北京医院的那间病房也就成了他指导我们学业的特殊书房。

1998年6月,我顺利毕业并留校任教。2000年,经过两番搬迁,从筒子楼住进了偏单。幸运的是,分配给我的住房也在北村,与先生家距离仅200多米。这期间,我还是常常跑去先生的书房聆听教诲。先生的一个郑重嘱咐让我深自警惕,铭记终生:"写论文要慎重!白纸黑字,那是抹不掉的。不需要写那么多文章!写那么多文章有什么用呢?你写10篇好文章,别人不一定会关注你;你写了一篇坏文章,别人就会记得你!"我至今还清晰地记得,那是夏天,先生穿着白色衬衫,端坐在那把人造革面的转椅上,身子微微前倾,紧紧盯着我,郑重地讲出这几句话的样子。现在我也到杖乡之年了,每当有所心得要撰写论文时,头脑中仍会浮现出先生谆谆叮嘱时的声貌,促使我再一次检讨:这篇论文能不能写?该不该写?

2002年,先生家搬到了西南村新建的住宅楼,新书房的面积更大了,书籍也更多了,书架、写字台、椅子和电脑也都换了质量更好的。可是我对先生书房的印象和感觉——简朴、丰富而有秩序,却并没有改变。先生的书房,还是那个我熟悉的温馨所在,仍然是我解惑、心向往之的地方。这时的我作为"青椒",有自己的教学科研任务,还要担任本科生、研究生的班导师,还必须参与系里随时而来的其他编撰任务。2005年以后,我又担任了教研室主任,各种事务性琐事繁多,时间紧张且被扯得散碎。我就不能像从前那样可以随意随时拜访先生的书房了。但是念兹在兹,一有空儿还是要跑去先生的书房,汇报最近的研习心得,闲谈工作事务,倾听先生的指点和教诲。那时先生的一个说法,令我印象特别深刻:"不要自己去强求当教授,你要让人家来请你做教授!"当时我真的是被惊到了——哪里会有这种事情,怎么会有这种可能?过了许久,我才想明白个中真义,这应该是先生对我的期待和激励。可是特别愧对先生,虽然我当教授已经十七八年了,当年也的确是水到渠成自然晋升的,没有苦心孤诣地强求,但是学术成绩距离先生的期望还差得太远!

先生荣休后的书房取名为"因缘居"。我体会,这是先生晚年回味一生的经历,得出的人生感悟和精神寄托。先生说:"自强不息易,任自然难。心向往之,而力不能至。"这应该是先生晚年对人生最深刻的体悟。

(作者系南开大学文学院教授)

【学人小传】

罗宗强(1931—2020),祖籍广东揭阳,我国古代文学研究领域著名学者。1956年考入南开大学中文系本科学习,1964年研究生毕业,分配到江西赣南师范专科学校任教。1975年调回南开大学学报和中文系工作,先后任副教授、教授、博士研究生导师、中文系主任、校学术委员会委员等,兼任《文学遗产》杂志编委及中国古代文论学会顾问,唐代文学学会、李白学会、杜甫学会副会长等。因开创了中国文学思想史的研究方法与学科方向,被国内学界誉为"南开学派"。论著先后荣获首届中国高校人文社会科学研究优秀成果一等奖、第二届"思勉原创奖"等多种重要奖项。《罗宗强文集》2019年由中华书局出版,收入其最具代表性的著作九种:《魏晋南北朝文学思想史》《隋唐五代文学思想史》《明代文学思想史》《玄学与魏晋士人心态》《明代后期士人心态》《读文心雕龙手记》《李杜论略》《唐诗小史》《因缘居别集》。

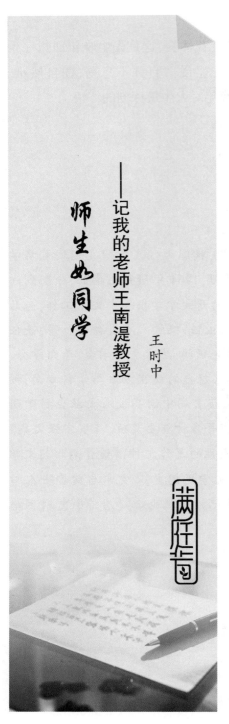

师生如同学

——记我的老师王南湜教授

王时中

我第一次见到王南湜老师,是在1997年的春夏之交。当时他应邀来湘潭大学哲学系短暂授课。课程主要是面向硕士研究生的,但前排就座的都是教师。当时我还是一个大二的本科生,也随机坐在教室的最后一排凑热闹。当时王老师40多岁的年纪,身材魁梧,表情严肃,讲授的是新出版的《现代唯物主义导引》中关于"自由"与"必然"关系的部分。印象中,王老师讲话有板有眼,思路清晰、逻辑严谨,还不时写板书,字体苍劲有力。当时正值湖南的梅雨季节,他不时擦汗,但丝毫没有影响授课的节奏。20多年后,我也到了当年王老师的年纪,与他谈及当时的情景,他对湖南的闷热天气印象尤为深刻。

那一次,王老师的授课在师生中间收获大大的好评,而我也在 2002 年决定报考他的博士研究生。原因之一固然是大学时就领略过王老师的思想魅力,但更重要的是他在 2000 年前后关于"实践哲学"的一系列思考深深地吸引了我。特别是他发表在《中国社会科学》上的《马克思哲学当代性的三重意蕴》这篇文章,在学界产生了极为深远的影响。该文一方面将马克思实践哲学与西方传统的理论哲学区别开来;另一方面又将马克思哲学与现代市场社会的健康发展关联起来。更重要的是,该文还论证了作为实践哲学的马克思哲学与作为实践哲学之典范的中国传统哲学在思维范式上具有亲和性,因此具有对接的可能性。这种"举一反三"的思想格局使我感受到了一种前所未有的深刻、通透与开阔。该文曾获第四届中国高校人文社会科学研究优秀成果奖,至今还是知网上本专业引用率最高的文献之一。还记得,当我通过电子邮件第一次与王老师沟通,表示想要报考他的博士研究生的时候,他回复我的称呼是"时中学友",并欢迎我报考。时隔 20 多年,这个称呼我依然记忆犹新。

21 世纪初,国内学界又开始集中关注"西方马克思主义"思潮,这是 20 世纪 80 年代之后的又一次热潮。事实上,王老师在 20 世纪 80 年代就主译过早期西方马克思主义代表人物科尔施的代表作《马克思主义和哲学》,但二战以来的"西方马克思主义"发展迅猛,且流派众多、思想庞杂。毋庸讳言,当时国内大多数的研究还是停留在翻译介绍、初级转述的层次,因而亟待提出一个从整体上予以消化吸收的思想框架。我入学后,前后几届师门同学的选题大都选择就"西方马克思主义"的某一人物或者思潮展开,但王老师对"西方马克思主义"的研究对象、研究思路与研究方法有着自己的整体考量,并且主张"两条腿走路":一方面坚持马克思主义哲学基础理论的研究;另一方面注意吸收整合新材料,以求双向推进,相得益彰。虽然我们同门之间选择的研究对象众多,但王老师总能够从宏观上予以精准把握,特别是在材料的介绍、观点的提出与思路的贯通方面,给我们以充分的指导,同时又没有限制我们自己的发挥空间。后来我才知道,王老师的知识面如此之广、对问题把握如此之深刻,皆因他多年以来对学界动向持续不断地密切关注。他每天的阅读量很大,且对新出版的著作如数家珍,这种超强的信息吸收与消化能力令我们非常佩服。

在我攻读博士研究生的三年中,正好是王老师担任南开哲学系主任的时候,他公务繁忙,尽职尽责,但每年师门至少有两次聚餐的机会:一次是元旦前后的"迎新",一次是毕业季节的"送行"。每一次当然都是王老师请客,地点一般在校内。聚餐的时候,王老师谈古论今、天南海北,结合自己的生活经历,谈及很多地方的风土人情、美食美景、逸闻趣事、地方掌故,我们听得如痴如醉。由于他生于陕西凤翔,学于广东广州,工作始于新疆喀什,进修于吉林大学,攻读硕士于中央党校,学习工作于南开,因此见多识广,不仅有思想的智慧,更有恰到好处的幽默,加上他表达能力超强,又善于观察总结,每一次聚餐的气氛都很活跃,有时候他自己也忍俊不禁,呵呵一笑。

2007年以来,王老师的学术思想更为圆熟与精纯,代表性作品之一就是2007年发表在《中国社会科学》上的文章《论马克思主义哲学中的理想性与现实性的界分》。针对马克思主义哲学中的理想性元素与现实性元素被一种黑格尔主义的方式混淆,文章主张应该将两种元素划分开来,这就把与黑格尔主义相对的康德哲学的意义凸显出来了。基于此,王老师援引

"恺撒的当归恺撒,上帝的当归上帝",主张对卢卡奇以来的黑格尔式马克思主义传统予以批判性考察。这也构成了 10 多年来我们团队的主要研究方向。沿着这条线索,王老师系统地梳理了"理论"与"实践"的关系、"历史"与"历史科学"概念、"物质"概念、"价值"概念、"真理标准"问题、辩证法问题等,从某种意义上刷新与推进了当代中国马克思主义哲学的研究方式,南开大学的马克思主义哲学学科也因此赢得了学界的广泛赞誉与尊重。

在王老师看来,哲学研究的目的归根到底是要有助于中国精神的复兴,他经常引用张载的"为天地立心""为往圣继绝学"作为自己责无旁贷的学术使命,主张在现代条件下重建中华民族的价值理想。早在 1994 年,王老师就在《二十一世纪中国哲学精神展望》这篇文章中表达了他的关注。30年来,王老师以马克思主义中国化为主题,在中西文化的张力中,围绕文化自觉、文化自信与文化自强的历史性任务,主张发展文化使命意识、文化生命意识与文化承命意识。特别是他关于建构相对于"中学""西学"的"马学"的理论主张,更是独树一帜。在学理上,王老师对中西文化的契合、融合与重建,特别是对毛泽东的辩证法思想所做的阐释,令人耳目一新。同时,他还主张偕马克思与以康德、牟宗三为代表的哲学家进行深入的对话,通过相互辩难,达到相互吸纳借鉴,从而推进中国哲学精神的重建,这些都大大拓宽了马克思主义研究的视角。目前,王老师承担国家社科基金重大项目"马克思主义哲学与中国古典哲学的比较与汇通研究",这个主题汇集了他 30 多年来的思考,体大思精、立意高远,目前成果丰硕,值得关注和期待。

陶行知先生曾说"学高为师,身正为范",但王老师经常引用的一句话却是"师生关系的最高境界是师生如同学"。这一方面体现了王老师在学术道路上严于律己、平等待人的可贵品质,另一方面也体现了他壮心不已、学术生命力依旧强劲的自信心。这种精神在学界是非常宝贵的。事实上,在我们学生心目中,他既是授业解惑的"恩师",又是交相问学的"同学",更是可以推心置腹的"朋友"。在他严肃认真的外表下,是一副古道热肠;即使有时候的当头棒喝,也掩饰不了对学生的无私关爱。只有当我们也成了

"他",才真正体会到他的尽心尽责、尽职尽守。2019年,王老师获评"全国模范教师",我们都认为这是实至名归的。

时至今日,我认识王老师已经27年,作为他的学生与曾经的同事,共同相处也逾20年。我有时也反问自己:如果27年前那一个闷热的夏天,我没有走进湘潭大学文科楼的小教室聆听到王老师的授课,那么,我现在又在哪里,将去往何方?我沉思良久,只能告诉自己,没有"如果",因为表面上的机缘巧合,其实早已是命中注定。

(作者系厦门大学哲学系教授)

【学人小传】

王南湜,陕西凤翔人,生于1953年7月。1976年毕业于华南理工大学化工机械系,从事过一段时间技术工作后改修哲学,1986年于中央党校理论部获哲学硕士学位,1989年于南开大学哲学系获哲学博士学位。现为南开大学哲学院教授、博士生导师,中国辩证唯物主义研究会常务理事,中国人学学会常务理事。1998年入选教育部"跨世纪优秀人才培养计划",1999年获国务院"政府特殊津贴",2002年获宝钢教育奖,2007年获天津市劳动模范、天津市优秀教师称号。

桃李不言　下自成蹊

——谷书堂先生的学术人生

王璐

　　谷书堂先生是我国社会主义政治经济学领域的学术泰斗，也是南开大学政治经济学学科的重要开拓者和杰出代表。2016年3月，91岁高龄的谷先生离世，留给我们无尽的哀思和无限的怀念。他的离去不仅使中国经济学界失去了一位政治经济学研究大师，也使南开失去了一位毕生致力于学科建设和人才培养的教育大家。桃李不言，下自成蹊。作为谷先生的学生和同事，我们敬仰他并爱戴他，尊重他也怀念他，既感念他追求学术真理的孜孜不倦，也感念他有容乃大、平易近人的学者风范。如今回想起来，受教于他的谆谆教诲，如沐春风，竟已成为我心中最宝贵的回忆。

　　与谷先生的相识始于我的读博岁月，我是2001年9月来到南开大学经济研究所读博士的。20多年倏忽而过，很多事情都已淡忘，但每每回想起求学与工作中同先生交往的点点滴滴，心中都会无限感慨。我入学时谷先生已过古稀之年，因他在我国社会主义政治经济学领域的卓越贡献，退休后又被返聘为南开大学经济学科博士生导师。于是，人生的小确幸就这样降临在我身上，我幸运地拥有了两位导师：一位是报考博士时就已经确定的年轻导师柳欣教授，另一位就是刚被返聘为博士生导师的谷先生。那时，谷先生已经有五年不带学生了。同是谷先生弟子的柳欣老师告诉我,我平时的读书学习主要接受他的指导,学术交流和科研工作则主要协助谷先生。就这样,在忙碌而又充实的博士求学生涯中,我得以多次近距离地接触谷先生的日常工作和学术活动,在无数个或忙或闲的瞬间里见识到他作为经济学家的睿智和教育家的豁达。他对当时经济热点问题的深入剖析,对我国社会主义政治经济学研究问题的谦虚谨慎,对南开政治经济学学科建设与发展的关心忧虑,对莘莘学子的悉心呵护与无限关爱,都让我深深感动。2004年7月博士毕业后,我留校任教,又何其幸运地与这两位著述等身的教授成为同事,在此后的经年岁月里,一点一滴地感受着他们严谨治学的精神和宽厚善良的心地。他们不仅是我的学业导师,更是我一生追随的榜样。

作为一个坚定的马克思主义经济学家,谷先生奉行理论研究与客观实际相结合的原则,坚持深入实践、严肃认真的治学态度,并积极主张汲取西方经济学中科学实用的理论与方法。特别是在社会主义政治经济学教学与研究的诸多领域,如商品经济、价值规律、分配理论、经济体制改革理论以及社会主义政治经济学理论体系构建等方面,都具有开创性的研究和丰硕的理论建树。20世纪50年代,谷先生提出"两重含义的社会必要劳动时间共同决定价值"的理论观点和"把物质利益原则作为社会主义社会的一个根本经营原则"的理论主张;20世纪60年代再论"价值决定",引起全国范围内的理论探讨;20世纪80年代初期,他主持国家重点科研项目"中国经济体制改革的理论依据研究",完成并出版《社会主义商品经济和价值规律》,系统提出并论证了"社会主义商品经济"思想,主张"中国经济体制改革应以商品经济和价值规律理论作为依据"。特别是1987年谷先生率先提出"按要素贡献分配"的观点,始终倾向"以市场为取向的改革",在学术界引起了很大反响和热烈讨论。这些学术观点为党和国家有关决策提供了理论参考,对推动我国经济体制改革发挥了重要作用。2009年是中华人民共和国成立60周年,当年11月,"影响新中国60年经济建设的100位经济学家"丛书出版,收录近百位对新中国经济建设颇具影响的经济学家,谷先生在列。无疑,新中国经济建设取得的举世瞩目成就凝聚着我国众多经济学人的理论、智慧和勇气,而百位经济学家获此殊荣则是对他们所作贡献的最好证明。谷先生自 1950 年开始执教南开大学,历任南开大学经济研究所所长、南开大学经济学院院长等职,数十年间持之以恒、笔耕不辍,紧紧跟随社会主义市场经济改革进程积极探索、勇于实践,主要学术思想融入他所主编的《政治经济学(社会主义部分)》("北方本")、《社会主义经济学通论》等教科书中,在经济学专业的青年学子中产生了广泛影响,也极大地丰富了中国经济学的理论发展与创新。

　　谷先生一生热爱教育事业,为南开政治经济学学科建设和人才培养奉献了毕生心血和才智,他对学科建设的孜孜不倦和包容创新,对教书育人的因材施教和循循善诱,潜移默化地影响着一代又一代青年学子。1983 年,南开大学经济学院恢复建院,谷先生出任第一任院长。一方面,作为学科学术的领军人物,谷先生以重视学术造诣和优良学风为己任,兼具把握时代和实践发展需要的广阔视野。他团结全院师生,发挥政治经济学和世界经济等理论学科优势,在短时间内迅速建设起管理学、金融保险学、国际经济与贸易学、会计学、旅游学、价格学、数量经济、城市经济学、产业经济学、交通经济等新兴应用学科,使南开经济学学科的总体水平迅速走到全国高校前列,为南开大学的学科布局和发展奠定了坚实基础。另一方面,谷先生不拘一格培养人才的教育理念和身体力行的实践探索,也为我国教育改革事业提供了宝贵经验。他珍爱人才、善聚英才而用之的大家风范有口皆碑,他充分挖掘海外校友、国际友人、合作院校的人才资源潜力,把在联合国、世界银行等国际组织工作过、学术造诣深厚的专家请回南开,创办新的学术机构,开辟新的学科领域。2003年,谷先生弟子中有三位学者同获我国经济学界最高奖"孙冶方经济科学奖",这在中国经济学界一时传为佳话,学界谓之"南开现象"。谷先生以教育大家的远见卓识和广阔胸襟,培养造就、吸引会聚了一大批具有强烈责任心与奉献精神的学术精英,为南开经济学的繁荣发展作出重要贡献。

师者匠心,止于至善;师者如光,微以致远。不论是在谷先生身边求学读博,还是在南开经济研究所与之共事,他和蔼的面容和温和的话语早已定格为我心中的美好瞬间。他总是精神矍铄、神采奕奕,常常思维跳跃、妙语连珠,对新事物永远充满好奇心和探索精神,近80岁高龄时还学会了收发邮件和操作电脑,他怡然自得地练书法、弹钢琴,还偷偷告诉我特别怀念西南村早点铺里的炸油条……这些记忆中的温馨片段一点点勾勒出他为人师表下的可爱与善良,让身为弟子的我们时常不由自主地想念他,怀念过去与他相处的珍贵时光。我想,我们从先生身上学到的,不仅仅是专业的经济学理论和知识,更有他科研教学的风格、教书育人的方式以及为人处世的风范。谷先生和他同时代的老一辈经济学人一样,都具有执着的人生方向和事业追求。他总是教导学生们要以国家发展为重,淡泊个人名利,做一个正直坦荡、对社会有用的人,要学会互谅互让、友爱和谐。他是这样说的,也是这样做的。

2010年,谷先生写下《学习、彷徨、求索——从事政治经济学科研、教学工作60年的一点体会》一文,回顾自己一生从事科研工作的心路历程,他在文中表达了对我国社会主义政治经济学理论发展之路必须认真对待、慎重研究的观点,展现了一位学术大家一以贯之的谦虚谨慎和严肃认真对待学术研究的治学态度。高山仰止,景行行止。谷先生的治学精神令人感动。今先生虽已远去,但他的学生遍布各行各业,虽天涯海角,然心向往之,亦行将必至。

(作者系南开大学经济研究所教授,博士生导师)

【学人小传】

谷书堂(1925—2016),山东威海人,著名经济学家,南开大学经济学院教授、博士生导师,曾任南开大学经济学院院长、南开大学经济研究所所长等职。曾兼任中国经济学团体联合会执行主席、中国宏观经济学会常务理事、中国市场经济研究会常务理事、全国高等教育学会理事、天津市政府咨询委员会副主任、天津市社会科学界联合会副主席、天津市经济学会副会长等职,担任《中国大百科全书(经济学卷)》社会主义分册和《当代中国(天津卷)》副主编,并任十余所一流高等院校兼职教授。在学术研究、科研组织、学科建设和人才培养等方面均有出色贡献,1991 年获国务院"政府特殊津贴",1995 年获"全国优秀教师"称号。

潜心治学的楷模

——记恩师杨曾武先生

李腊生

如今漫步于美丽的天津财经大学校园,二教楼前小花园松柏树下的那尊铜像格外引人注目,每至此处,都会不自觉地驻足凝望。30多年的过往像放电影一样历历在目,原来恩师杨曾武先生离开我们已有20余载。

虽在读研期间常耳闻先生的大名,也拜读过先生主编的《社会经济统计学原理》,但始终未能有机会当面聆听先生的教诲。1991年夏,获得硕士学位的我有幸到天津财经大学统计学系任教,恰被分配到先生所在的统计理论教研室,接下先生为本科生开设的"统计决策"课程的教学任务(当时先生已75岁高龄),自此便有更多机会向先生学习与求教。真正与先生结缘则是在1994

年,我有幸拜师先生门下,成为他的博士研究生,在职攻读统计学专业的博士学位。我与先生的接触和交流自然而然地多起来,对先生的了解也就越来越全面深入,先生就像一面旗帜,引领着天津财经大学统计学科的发展,他奋斗的一生激励着后学不断前行,是吾辈人生楷模。

受家庭影响,先生早年的志向是攻读医学学科,成为一名治病救人的大夫。可造化弄人,先生最终却毕业于燕京大学经济系(1939 年),先后任教于中国大学、天津工商学院、达仁学院、北京大学、南开大学、河北财经学院(1969 年更名为天津财经学院,2004 年改名为天津财经大学),一生都在教书育人,终成我国社会经济统计学的一代宗师。

先生信念坚定,一心向党。他出生于一个旧式家庭,在长期的学习与自我改造中对中国共产党有了正确的认识,培养了坚定的共产主义信仰。早在 20 世纪 60 年代,先生就向党组织递交申请,积极要求加入中国共产党。可是,在那个讲究家庭出身的年代,先生加入党组织的心愿一直没能实现,然而他并没有气馁,而是以更高更严的标准要求自己,继续向党组织提出申请,接受组织的考验。经多次申请,终于在 1981 年 7 月 3 日,65 岁的先生实现了加入中国共产党的夙愿。

先生尊重科学、勇于创新。即便是在那个知识不被重视、知识分子处于社会底层的年代,先生都默默地坚守科学精神。无论是被下放到农村,还是

潜心治学的楷模
——记恩师杨曾武先生

到工厂劳动改造,先生始终以科学的态度对待工作,并利用休息时间进行调查研究,提出生产过程中的改进建议。1978 年,伴随真理标准问题大讨论的深入以及拨乱反正的全面展开,先生带头参与统计学学科性质的大讨论,其间公开发表了一系列有关统计改革、统计方法应用以及统计学学科性质的论文;1980 年,针对经济统计学被认为不具有科学性质的观点,先生从科学的本质、经济统计学的科学属性、对社会经济发展以及学科体系等方面的影响,论证了经济统计学的科学性,提出了社会经济统计学和数理统计学两门统计学并存、相互支撑的观点;1983 年至 1984 年,结合中国国情,先生探讨了中国特色统计理论的创立与建设,分析与讨论了统计理论的现代化路径,为统计学的发展以及如何更好地服务于社会经济提供了清晰的认识与指引。针对统计方法被误用,甚至滥用的现象,先生专门撰写了文章《非肯定情况下的统计决策》和《关于平均预测的条件问题》,澄清相关统计方法的特点、应用条件与适用范围,充分体现了先生特别注重数理统计方法在社会经济统计分析中应用的科学精神。

1978 年年底,国家统计局组织 17 所院校统计学负责人,在四川省峨眉县(今峨眉山市)召开全国统计教学科研规划座谈会,与会者对统计学科性质这一基本理论问题展开了讨论,达成两门统计学并存、相互借鉴的共识。在教学实践中,先生在国内率先改革经济统计学教学,把"统计学原理"课程更名为"社会经济统计学原理",并在其主编的《社会经济统计学原理》教材中系统性地融入数理统计相关方法与内容,迈出了数理统计与社会经济统计结合的第一步,为天津财经大学统计学专业在国内率先全面面向理科生源招生的改革以及后来我国统计学一级学科的创建(2011 年)奠定了基础。《社会经济统计学原理》于 1987 年获天津市社会科学优秀成果一等奖,作为全国统编教材,对我国统计学和应用经济学人才培养体系和人才培养规格产生了重大影响。

先生心无旁骛,潜心治学。20 世纪 40 年代初,先生大学刚毕业就先后在《燕京大学学报》《经济研究季报》上发表了有关国际贸易理论的研究文章,展现出卓越的经济学研究才华;进入南开大学后,依托"南开指数"的国际影响力,先生主要从事经济统计学的教学与研究,成为南开大学统计学科的领军人物。1958年,以先生为学科带头人的南开经济统计学科被调整到河北财经学院,创建了如今的天津财经大学统计学专业。即便是在那个特别讲究"主义"和"红专"道路的时期,先生也时刻没有放松专业理论学习与研究。为了适应"苏联式"的学科与教育体系,先生花费了大量的时间和精力学习、了解与思考社会主义计划经济统计学,组织并撰写了"农产量抽样调查""社会购买力统计""工业企业生产能力统计问题"等六个专题讲义,并将其用于教学与生产实践。20世纪80年代后,先生以极大的热情全身心投入统计学的教学与研究,先后为本科生、硕士生和博士生讲授"社会统计学原理""工业统计""商务统计(英文版)""统计预测""统计决策"等20多门课程,培养博士10余名,为天津财经大学统计学专业获评国家级重点学科(2007年)奠定了坚实基础。除此之外,先生还以时不我待的精神潜心于统计学的科研,先后在《经济研究》《统计研究》等期刊上发表学术论文40余篇,出版教材8部和一些译著。

在科学研究中,先生以其独特的洞见引领着经济统计学科的发展。早在20世纪80年代末,先生就注意到贝叶斯理论的重要性,发表了文章《贝叶斯预测法的应用》;20世纪90年代,他又注意到计量经济学发展对经济统计学学科支撑与发展的意义,并撰写了论文《E·E·Leamer对当代计量经济学的贡献》。直至生命的最后时刻,先生还嘱托周逸江教授,一定要坚持为博士生开设"现代计量经济学前沿专题"课程,为天津财经大学统计学专业形成经济、统计学交叉研究特色奉献了宝贵的方法论指引。正是在先生的带领下,经过老一辈天津财经大学统计人的共同努力,天津财经学院统计学专业才得以获批国内第一批硕士点和第二批博士点,先生因此也成为当年(1986年)天津财经学院仅有的两位博士生导师之一。

在天津财经大学,先生对待教学与学术研究的态度一丝不苟。还记得初入职天津财经大学统计学系后拿到的两本油印教材《统计预测原理》和《统计决策原理》,就是先生根据自己的书稿,一字一字地刻版油印出来的,读后我发现,几十万字的油印教材几乎找不到一处笔误,先生这种严谨治学的精神让人敬佩不已!

先生淡泊名利,生活俭朴。因在事业上的突出贡献,先生一生中获得过很多荣誉,但在与他的交往中,先生从不给我们讲他辉煌的历史与经历,只是耐心指导我们如何阅读文献,如何提出问题、解决问题以及如何服务于社会等。也许是经历的事多了,也许是出于本心的善良,先生从不计较个人得失,心满意足地过着俭朴的生活。早年生活上有师母无微不至地照料,先生不用为生活琐事分心;师母去世后,先生不得不承担起家庭生活的重担。印象最深刻的是,每到饭点,在天津财经大学校园里总能见到一位右手拄拐杖、左手提一塑料编织篮的老者去教工食堂排队买饭回家,这成为先生老年生活的日常行为。早年间,先生还有一段"房子换君子兰"的佳话。先生是北京人,在京有几处房产,北京私房管理处来信让先生回京处理房产事宜,但先生却回信将名下北京西单的两处门脸房赠予当时的租房人,租房人特别感激,专门从北京带来两盆君子兰到先生家中探望,先生十分高兴。

先生的一生就是一座丰碑,他对党的无限忠诚,他那坚定的人生信念和"不唯名,不唯利,不畏权"的品格,已成为后学的精神财富,他一以贯之的严谨、求真、务实的学风,永远是我们学习的榜样。

(作者系天津财经大学统计学院教授)

【学人小传】

杨曾武(1916—2002),北京人,我国统计学泰斗,新中国统计学科教育与研究领域的领衔人物,被国务院第一批认定为有突出贡献的专家,享受国务院政府特殊津贴,天津财经大学统计学教授、博士生导师。1939 年 6 月毕业于燕京大学经济系,1941 年起先后在中国大学、天津工商学院、南开大学任教。1951 年任教授,1952 年任南开大学统计系主任。1958 年,随南开大学统计系调入新组建的河北财经学院(天津财经大学前身),任教务委员会委员、统计系主任,1981 年后任统计系名誉系主任。历任中国统计学会第一至第三届常务理事,天津统计学会第一至第四届副会长,天津市第六至第十届人大代表。主编《社会经济统计学原理》《统计决策原理》《统计预测原理》等著作。

潜心治学的楷模
——记恩师杨曾武先生

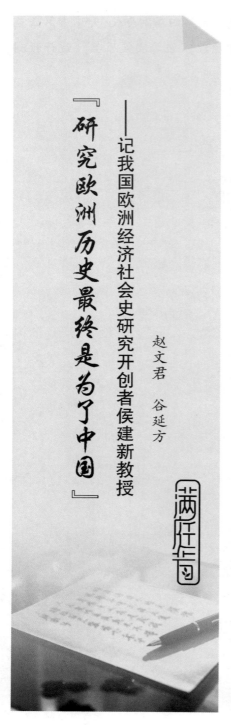

「研究欧洲历史最终是为了中国」

——记我国欧洲经济社会史研究开创者侯建新教授

赵文君 谷延方

与侯建新老师的师生缘分始于20世纪90年代,当时我们刚入大学殿堂便有幸拜读侯老师的著述,实话实说,有些似懂非懂,只是感觉老师学问很高深。在那段时光里,侯老师的言传身教让我们深刻领悟到:"无穷的远方,无数的人们,都和我有关。"这种人文关怀不仅为我们打开了广阔的学术视野,而且让我们懂得了学术研究的真谛和生命的意义。对我们来说,老师的唤醒是一种幸运,由此坚定信念追随侯老师读硕、读博。后来入职天津师大,侯老师更是我们人生的导师和榜样。他时常勉励我们:无论入职早晚、悟道迟早,做一个学者要心无旁骛,拥有学人职业精神。这句话至今萦绕在耳畔。

侯老师生于 1951 年，中学就读于天津南开中学，这里"为中华之崛起而读书"的浓烈爱国氛围深深感染着他。"文革"中断了他的求学梦，却让他对国家和民族的命运有了更多思考：曾经辉煌的文明古国，为什

么在近代落后？当欧美国家走向工业化和近代化时，中华民族为何徘徊不前？恢复高考后，侯老师带着这个"时代之问"考入天津师大历史系，矢志学术报国。

1982 年本科毕业后，侯老师留校任教，经过几年摸索就开始在《历史研究》《世界历史》等顶级期刊上发表论文。经过近 10 年的潜心研究，他的第一部学术专著《现代化第一基石——农民个人力量与中世纪晚期社会变迁》于 1991 年问世。他深入考察英国农民个体与社会转型关系，并同我国明清时期相比较，希望从中为旧中国落后根源找到答案。革命前辈、著名马克思主义历史学家陈翰笙老先生对这部著作给予高度肯定，陈翰老说，侯建新"用一系列数据证明，是富裕农民支撑了英国最初的资本主义，这对纠正世人的偏见是一个功劳"！

1991 年，侯老师留学英国，正逢国内企业到海外招揽贤才。当时高校教师收入微薄，每月工资仅一二百元，工商业界收入极具吸引力，但侯老师却毅然回绝了跨国公司的高薪聘请，选择继续追求他的学术理想。

为了更深入比较中英乡村发展，侯老师连续在 1995 年、1996 年利用寒暑假，两次带队赴冀中农村实地调研。当时经费有限，条件非常艰苦，"盛夏时节蚊虫叮咬，冬天又没有暖气"，夜晚团队成员和衣而眠，睡过小旅馆，挤过大车店，甚至在村手术室里将就过夜，侯老师却甘之如饴。与高薪的舒适生活相比，更吸引他的是当地农户的真实生存状态、生产消费水平。这些资料数据后成为其著作《农民、市场与社会变迁——冀中 11 村透视并与英

（竖排右侧）"研究欧洲历史最终是为了中国"——记我国欧洲经济社会史研究开创者侯建新教授

国乡村比较》中的一部分。该书亦作为我国比较史学经典之作而入选国家社科基金中华学术外译项目,由外交学院承担翻译,将由世界知名人文社科出版机构、已有近200年历史的英国劳特里奇出版社出版。

这些年来,侯老师先后主持了"七五""八五""九五"和"十一五"4项国家社科项目,主持2项国家社科基金重大项目。2012年,侯老师主持的国家社科基金重大项目"欧洲文明进程研究"中标,这是天津师大第一个国家社科基金重大招标项目,侯老师任首席专家,研究团队由来自北京大学、伯明翰大学等12所国内外高校、学术机构的学者组成。该项目于2019年顺利结项,成果总计16卷,学界普遍认为这是西文世界之外,用中文书写的欧洲文明研究成果中最系统、最完备的一部多卷本著作,代表了我国学界对欧洲文明的最新前沿认知。2021年年底,侯老师又主持了第二项国家社科基金重大项目"中古中国与欧洲文明比较",继续推进这一主题研究。

侯老师对圈地运动的研究突破了传统认知模式。首创欧洲文明"元规则"概念,这些始基性规则"使欧洲成为欧洲"。从欧洲的发展中汲取经验教训,为我国现代化和社会主义建设事业提供借鉴,侯老师执着坚守,初心不改,研究欧洲历史"最终是为了中国",在他百余篇高水准的学术论作中,始终贯穿着这一不变的追求。

作为阶段性成果,侯老师的论文《圈地运动与土地确权——16世纪英国农业变革的实证考察》《中世纪与欧洲文明元规则》连续入选2019年度、2020年度"中国历史学十篇(组)优秀论文",在学界引起热议。能够连续两年入选这一评比,在当时他是唯一取得这一成绩的学者。截至2022

年,侯老师的研究成果4次获得天津市社科优秀成果一等奖及教育部人文社科奖,两部著作被教育部推荐为全国研究生教材。

古人云:师者,所以传道授业解惑也。侯老师不仅是知识渊博的学者,更是教书育人的典范。他的讲授贯通中西,视野宏大,启发思考。大到欧洲文明起源,小到中英农民的日常饮食起居,教学中的鲜活案例他信手拈来,娓娓道来。这些知识最终又落脚于现实关怀,将爱国情怀点点滴滴渗入学生们的心田。

侯老师注重培养学生从现实出发的问题意识,指导的学生论文多次获全国优秀博士学位论文提名奖,培养的硕士、博士很多进入双一流高校,受到用人单位高度评价,有些已经成为所在高校世界史学科的骨干乃至带头人。直到现在,侯老师还在教学第一线,坚持上学科基础课,为的是夯实学生们的专业根基。

在教书育人的过程中,侯老师倾注大量心血在本科生培养体系的建设上,主张对本科生要给足专业压力,不可放任自流;人才培养要服务于国家大计。凡是对学生培养有好处的事,他都不计大小,乐意去做。在他的倡导下,天津师大历

史文化学院于2005年率先实现世界史本科单独招生,并在2015年创建了"世界史-外语"双学位班,让世界史专业本科生同时接受外语专业训练,成长为优秀的复合型人才。在2019年的第一批毕业生中,许多同学成功拿到了一些海内外名校的录取通知书。2019年,天津师大世界史专业入选国家一流本科"双万计划",成为全国首批四个历史学专业建设点之一。2022年,天津师大世界史学科入选教育部"优先发展学科"和天津市"顶尖学科"。自2004年以来,天津师大保持中国世界古代中世纪史研究会会长单

位已满 20 年,世界史学科地位一直比肩北师大、复旦、武大、南京大学等高校。这些成绩和侯老师几十年来的努力是分不开的。

民族复兴,教育是基础,正确的历史观是基础教育之魂。对于基础教育教材工作,侯老师也同样责无旁贷、肩负重任,他坚持马克思主义唯物史观,潜心学术,服务社会,通过自己卓有成效的工作,充分发挥高校在基础教育中的引领作用。受教育部委托,作为全国义务教育历史课程标准修订组第一召集人,侯老师主持修订课标;为建设更加科学的课程体系,他主持编写了新的全国义务教育《世界历史》(九年级上下册)教科书,该教材于 2021 年荣获全国首届优秀教材特等奖(基础教育类)。

在重视学术的同时,侯老师也非常重视思想政治工作,长期在院里开展"学人教育"活动,把教师们组织在一起,为大家的项目申请书把关、提修改意见。他一直勉励青年教师在学术研究上立大志,"要像荒漠掘井,只有矢志不移,才能找到甘洌的清泉"。在他的带领下,天津师大世界史学科硕果累累,今天已成为国内欧洲文明研究和世界史人才培养的高地。

侯老师不仅为天津师大世界史学科倾心竭力,而且还倾心于全国史学学科的发展。2001 年,他把"经济社会史"引入我国世界中世纪史研究领域,以长时段时域、底层向上看的视角,经济与社会相贯通的方法,考察中世纪晚期以来的西欧社会转型。他创办的《经济社会史评论》,如今已成为影响广泛的专业学术刊物,2021 年入选 CSSCI 来源期刊,2022 年入选中国社科院人文社会科学综合评价 AMI 核心期刊,成为全国世界史学人交流创新的重要学术平台。

侯老师常说,一个社会必须要有一些人甘坐冷板凳,专注做基础性研究;他告诫我们对学术和专业要怀有一颗敬畏之心,"历史其实离我们很近";他多次呼吁大力发展世界史学科,服务国家的重大战略需求。正是在他与诸多学界有识之士的共同努力下,世界史专业在 2011 年从二级学科升为一级学科。

几十年来,侯老师严谨治学、追求真理、执着于学术研究,从不为名利所累,为学生们树立了学人典范,更堪称当下史学科研工作者的楷模。侯老师是我国改革开放大潮中成长起来的历史学家之一,他说过要做一个学术"守望者",守的是学人拳拳报国之心,望的是文脉传承、民族复兴,彰显了"功成不必在我,功成必定有我"的思想境界,值得吾辈学习和传承。

(作者均系天津师范大学欧洲文明研究院教师)

【学人小传】

侯建新,1951年生人,著名历史学家,天津师范大学欧洲文明研究院院长、资深教授,曾任国务院学科评议组第五、第六届成员,第七届世界史学科评议组召集人,中国世界古代中世纪史研究会会长、名誉会长。获国家级有突出贡献中青年专家、全国先进工作者、全国优秀教师等多项荣誉称号。2019年荣获"庆祝中华人民共和国成立70周年"纪念章。

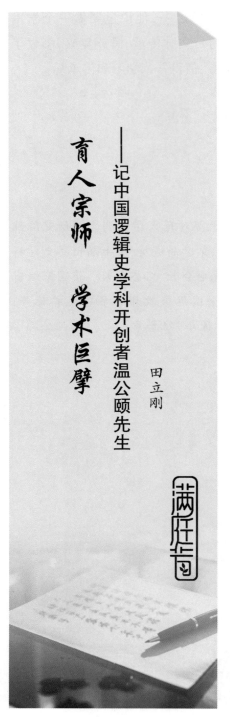

育人宗师 学术巨擘

——记中国逻辑史学科开创者温公颐先生

田立刚

20 世纪 80 年代初,静谧幽雅、风景如画的南开大学校园里,人们在马蹄湖和新开湖边,常能见到一位老先生迈着缓慢而稳健的步伐在散步。他穿过湖边梧桐树掩映的弯曲小路,走在大中路上,走在南开新建成不久的一片教授楼间。他就是我国著名哲学家、逻辑学家、教育家,时任中国逻辑学会副会长和南开大学哲学系系主任的温公颐教授。

认识温先生是在 1978 年初春,我们南开七七级学生入学的时候。在哲学系迎新会上,时任哲学系系主任、年过七旬的温先生,用响亮的嗓音和充满哲理的话语,给我们上了走进南开哲学系的第一课。那时,我们知道了温先生是南开哲学系复建的主持者,是当时哲学系年龄最长的且在国内外都有影响力的著名学者,但他是那样的谦逊、温和,平易近人。

1981年国庆节前,班上同学到老教授家中帮助打扫卫生,那是我第一次来到温先生的家中。先生家里的摆设非常简朴,书架和一些家具甚至是从学校后勤部门借用的。在我们忙着扫地、擦玻璃时,先生不顾自己年事已高,跑前跑后为大家斟茶倒水。我们借着这么近距离接触当时哲学系仅有的一位老先生的机会,不停地问这问那,先生热情地一一做着解答,并不时发出爽朗的笑声。那样的笑声,在以后跟随先生求学的日子里我时常能听到,清朗透明,发自肺腑,自然得没有丝毫修饰,甚至带着一种童真,从中你想象不到老人一生所经历的坎坷与磨难,只有宽厚的慈善仁爱之心和无限的真诚。

在以后的日子里,因为温先生的三个儿子都在外地高校任教,平时只有先生和师母在家,我们便常去先生家拜访,了解到他的身世和学术经历。

温公颐先生1904年11月4日出生于福建省龙岩县(今龙岩市)万安乡好坑村一个农民家庭,这里地处闽西南崇山峻岭中,家中祖父辈务农没有文化,他靠宗祠的资助在家乡读完小学和中学。1922年夏,他得到龙岩县政府的一笔就学补贴,考入北京大学。在北大学习期间,他先后跟随国学大师单不庵先生和德国古典哲学专家张颐教授,系统学习了中国古代哲学和西方哲学,并聆听了由清华到北大讲学的金岳霖先生讲授的"逻辑学"课程。大学毕业后,温先生曾在江浙一带的中学短暂任教。1929年应北京大学代理校长陈百年先生之邀,他回到北大担任校长室秘书并在哲学系任教,讲授"哲学概论",1933年受聘在北京师范大学讲授"道德学"课程。1935年前后,他参加了由北大、清华、燕京等高校哲学教授组成的"中国哲学会",与学会秘书长贺麟先生一起负责学会的具体组织工作,其间他多次参加了由胡适、方东美、宗白华、金岳霖、冯友兰、汤用彤等著名学者出席的哲学讨论会。在多年讲授"哲学概论"和"道德学"的基础上,温先生精心整理修改课程讲义,1937年由商务印书馆出版了《哲学概论》和《道德学》两部著作,被列为当时的"大学丛书"。此外,在20世纪三四十年代,温先生还在北京多

育人宗师　学术巨擘

——记中国逻辑史学科开创者温公颐先生

89

所院校讲授过"中国哲学史"课程,并写成40余万字的《中国哲学史》一书,但因书稿散佚未能出版。新中国成立后,温先生还从事逻辑学领域的学术研究,先后出版了《逻辑学》和《类比推理在实践中的运用》两部著作。

1959年,温公颐先生奉命调到南开大学,负责组织和领导南开哲学系的重建工作。1919年南开大学建立之时就设有哲学学门,但1952年院系调整时被撤并了。温先生带领一批从北京大学、中国人民大学等高校调来的青年教师,为南开哲学系的重建做了大量艰苦细致的准备工作,于1962年重新成立了南开大学哲学系。今天,由哲学系发展而来的南开大学哲学院已成为国内哲学人才培养的基地,设有从本科到博士后培养的两个专业八个学术研究方向,哲学学科建设在"985""211"高校中名列前茅。回顾这段历史,哲学系原系主任陈晏清教授曾深情地回忆说,现在的南开哲学院"可以说是硕果累累、桃李满园,可是这个地方的人永远不会忘记这里曾经是一块荒地,永远不能忘记这个荒地的拓荒者,是温公颐先生带领的一支队伍,他是我们南开哲学拓荒重建的领头人。这就是到现在南开哲学几代学人都在深深怀念温公颐先生的根本原因"。

1982年,我有幸成为温先生的研究生,跟随他攻读中国逻辑史方向的硕士学位。1986年又和付永庆学兄一起考取了温先生的博士生。当时学校食堂的餐食还比较简单,饭菜也远不如现在丰富。温先生得知这种情况后,几乎每周都要把我们叫到家中,或者在听他讲课之后,请我们吃饭。每到这时,温师母就准备好一桌丰盛的饭菜。那几年里,我记不清在先生家吃过多少次饭,只是觉得先生不仅把我们当成他的学生,而且把我们当成自己的孩子和家人,关怀备至、照顾有加。比起生活上的关心,印象更深的是温先生在学习和学术研究上对我们的严格要求,专业课学习每讲一部分内容都要求我们写一份论文样式的作业;指导学位论文更是一丝不苟。为了指导我们学习研究,他特意写了《治学三要》一文,强调"为学贵有创见、贵得要旨、贵查原著"。温先生一共为国家培养了七位中国逻辑史研究方向的博士,除一位到政府机关工作外,其余六位都一直坚守在高校逻辑学教学研究岗位上,成为教授和博士生导师。大致算起来,温先生的学生和再传弟子已逾数百人,在历年召开的全国逻辑学学术研讨会上,有南开传承的学者人数众多,历次中国逻辑史学术会议更是参会人数过半。可以说,在温先生的主持下,南开大学同时成为逻辑学教育和研究的重镇,特别是在中国逻辑史领域形成了南开大学的优势和特色。对此,中国社会科学院刘培育教授评价道:"如今南开大学哲学院成为中国逻辑史研究的重镇,温老有不可磨灭之功。"

20世纪80年代起,温先生负责主持国家"中国逻辑史"项目的研究工作,在科研助手崔清田教授的协助下,他撰写出版了《先秦逻辑史》(1983年)、《中国中古逻辑史》(1989年)和《中国近古逻辑史》(1993年)三部重要的学术著作。主持编写了国内第一部《中国逻辑史教程》(1988年),该书获得国家优秀教材一等奖;主编了一部

包含传统逻辑和现代逻辑内容的《逻辑学基础教程》(1987年)。他还发表了大量哲学、逻辑学和中国逻辑史研究方向的论文。在80岁以后的10余

——记中国逻辑史学科开创者温公颐先生

育人宗师 学术巨擘

年里，温先生不顾身患严重眼疾，不畏寒暑艰辛，以超乎常人的毅力和勇气，写下了近百万字的著作，为中国逻辑学事业的发展，特别是中国逻辑史研究事业的开拓留下了一笔宝贵的精神财富，为国家人才培养和学术事业贡献了毕生精力。

1993年11月，在庆祝温公颐先生执教65周年暨90华诞之际，中国逻辑学会发来贺信，信中写道："敬爱的温老，您不顾自己年迈和繁重的教学任务，年复一年，日复一日，您一直都在孜孜不倦、从不间断地从事着中国逻辑史的研究，终于完成了《先秦逻辑史》《中国中古逻辑史》《中国近古逻辑史》三大卷论著，不仅为当今中国逻辑史的研究起了直接的推动作用，而且为推动今后的中国逻辑史的研究建树了丰碑""您为中国知识分子树立了光辉的榜样，堪称是我们中国逻辑学界的楷模。"

1996年1月22日，温公颐先生因病在天津溘然长逝，享年93岁。高山仰止，思念永恒，作为温先生的学生，我们永远怀念他。

（作者系南开大学哲学院教授）

【学人小传】

温公颐(1904—1996)，原名温寿链，福建龙岩人，当代著名哲学家、逻辑学家、教育家。1928年毕业于北京大学。曾任北京大学、北京师范大学等高校教授。1959年调入南开大学，主持哲学系重建工作。1962年哲学系重建后，任哲学系教授兼系主任。20世纪后期中国逻辑史研究热潮形成与发展的倡导者和推动者，为该领域的学术研究作出重要理论贡献。在长期从事哲学、中国哲学史和逻辑学研究与教学的基础上，晚年专注于中国逻辑史研究的学术领域，1983年到1993年撰写出版了《先秦逻辑史》《中国中古逻辑史》《中国近古逻辑史》三部重要的中国逻辑史专著，主持编写了《中国逻辑史教程》一书，获得国家高等教育优秀教材奖。

我所知道的雷海宗先生

杨巨平

雷海宗先生(1902—1962)是民国时期就已成名的历史学家,曾担任清华大学、西南联大两校历史系主任。先生治学中外兼通,古今一体,见解独立,自成一家,著译甚丰,享誉国内外,堪称一代大师。1952年,雷海宗先生调任南开大学,成为历史系世界史学科的奠基人。在1985年进入南开师从王敦书先生读硕士之前,我对这样一位时人仰慕的史学大师却一点也不了解,不仅未闻其声,未瞻其容,甚至也未见其文。这当然是年龄悬殊半个世纪、间隔两代之故,也是我本人上大学时根底甚浅,无缘涉猎前贤巨作之故。到南开后,我才从王先生那里获悉了雷先生的坎坷经历及其学问的博大精深。王先生是雷先生在南开招收的第一位、也是最后一位副博士研究生。承蒙他对恩师遗教的转述和遗作的整理,还有国内外雷先生学生的回忆,我对雷先生的家世、求学、治学经历才有所了解,对先生的学问精髓才有所感悟。

我第一次听到雷先生的大名,是在南开王先生的课堂上,那时的感觉用如雷贯耳形容一点也不为过。第一学期,王先生给我们开了一门课"西方史学名著选读",同时听课的还有几位来自内蒙古大学、天津师范大学的研究生。当时不知是系里的上课教室不够，还是王先生既担任系副主任还给本科生开课，白天特别忙，就把这门课安排到了晚上在他家里上，一周一次，每次 4 个小时。王先生的授课方式是先发一篇英文原著资料让我们预习，然后我们在课上轮流翻译，相互提问，最后他再逐字逐句翻译一遍。我们的第一篇材料就是德国哲学家斯宾格勒《西方的没落》中的一篇。王先生先讲这一篇，是因为雷海宗先生原来有这一章的翻译稿，还没有出版，王先生正在整理。正是在这门课上，王先生满怀深情地回忆了雷先生辉煌而又坎坷的一生，特别介绍了他的主要研究领域、学术观点，以及他对斯宾格勒文化形态史观的接受、否定和发挥。

雷海宗先生出身于一个有教会背景的家庭，他中学上的就是教会学校。但是由于有良好的家学渊源，加之聪颖勤奋，他早年就打好了做中外古今大学问的基础。后来，雷先生到美国芝加哥大学留学，师从当时国际著名的中世纪史大家汤普逊教授，博士论文选题是《杜尔阁的政治思想》。学成回国后，先后在南京中央大学、金陵女子大学、武汉大学、清华大学、西南联大任教，主讲中国古代史，成名之作是《中国文化与中国的兵》。他在武汉大学等高校曾讲授世界通史课程，现在留下来的是他的课堂讲义提纲。1949 年北平和平解放，雷先生坚持留下来为新中国建设服务。1952 年院系调整，他到南开大学工作，主讲世界古代史，并受教育部委托，编写了《世界古代史讲义》，还发表了世界史方面的系列论文，其中在《历史教学》和《南开大学学报》上发表的两篇最为重要，影响最大。前一篇《世界史分期与上古中古史中的一些问题》，主张以生产力，尤其是生产工具划分社会分期，否定了奴隶社会的普遍性，代之以部民社会；后一篇《上古中晚期亚欧大草原的游牧世界与土著世界（公元前 1000—公元 570）》，是关于欧亚大陆游牧民族与中国、希腊、罗马等农耕世界关系的文章，资料丰富、气魄宏大。20 世纪 80 年代初，吴于廑先生也有关于二者关系的文章发表，可谓异曲同工，英雄所见略同。雷先生命运多舛，在当时的历史条件下，他的关于奴隶制的观点，显然与处于主流地位的五种生产方式说相悖，因而遭到冲击。他最后勉强再上讲台，但已经不能上通史主课，只能上"外国史学名著选读"或"外国史学史"这样的所谓边缘课程。1962 年,雷先生溘然长逝,享年 60 岁。

提起自己的恩师,王先生总是感慨万千。王先生在清华时与雷先生见面不多,但听过他的课程。1952 年,北大和清华的文科合并,王先生转至北大。一次邂逅使二位先生确立了终生的师生情谊。据王先生说,有一次,他和雷先生正好乘同一趟从天津到北京的火车,一路上的几个小时里,雷先生给他指明了今后做学问的方向。1955 年,雷先生可以在南开大学招收研究生,自然就想到了这位才华横溢的学生。结果不出所望,王先生以特优成绩考入南开大学,成了雷先生的开门弟子。但是没有想到,入学后不久,师徒二人就因特殊境遇之故被迫分开了。待到再次相见时,只能以翻译外国史学名著为机缘了。当时吴于廑先生主持教育部统编教材《外国史学名著选》的翻译工作,分配给南开历史系两篇,一篇选自李维的《罗马史》,一篇选自希罗多德的《历史》。王先生以资料员的身份翻译初稿,雷先生担任校改。据说,后来雷先生病重,只审读了一篇。然而,这并不是他们师生间合作的绝唱。1979 年,雷、王二位先生都得以平反。王先生除了在自己的古希腊史研究领域开拓创新、大显身手、著书立说之外,也积极整理雷先生的遗作,先后出版了《伯伦史学集》《西洋文化史纲要》《世界上古史讲义》等雷先生的著作、讲义、论文、译文等合集。可以说,现在学界对雷先生其人其学问的了解,主要来自王先生整理出版的这些遗作,其中很多都是第一次面世,弥足珍贵。正是从这些遗作中我们对雷先生的学问有了比较深入的认识。

凡是王先生整理的雷先生遗作,他都赠予我。加之我的研究领域如中外古史比较、中外文化交流、丝绸之路,都与雷先生的领域比较接近,所以,对雷先生的学术研究也就多有了解。主要感受如下:

其一,雷先生是真正学贯中西古今的学者。他的研究领域从大的方面可以分为历史、哲学,历史又可分为中国史和世界史,这二者之中也有古代、现代之分(世界史的文章已由王先生汇编为《历史·时势·人心》《雷海宗世界史文集》出版)。哲学虽然没有专门的著作,但他的历史著述中无不贯穿着他的哲学思想。他曾说,做历史学问,科学、哲学、艺术三者缺一不可。

科学是考证,哲学是概括、灵魂,艺术则是文采。他身体力行,所以他的著述常常给人既纵横驰骋又探幽发微之感。据说,他之所以回国后转向中国古代史,就是因为当时国内学界的主流是中国史,只有教授中国史,才能在学界有一席之地。另外,或许是当时的国家内忧外患,促使他转入中国史,以从中寻找救国救民的文化基因。我们从他对斯宾格勒文化形态史观的态度变化可以看出其学以致用、以史救国的思想。他对斯宾格勒的"文化形态史观"无疑是接受的,即任何一个文化都有一个共同的大致发展周期,就像自然界的春夏秋冬、万物的生生灭灭一样,都有一个周期。人类历史上共出现过八个文化生命体,其中七个都已经灭亡,只有一个西方文化还在,但也进入"饱满的初冬",最后的没落也为时不远。这似乎与他写作时正值第一次世界大战结束,德国战败,欧洲大地弥漫着悲观气氛有关。这七个已经死去的文明中就有中国。斯宾格勒认为,中国文化的创造力在汉代以后就消失了,成了一个静止、孤寂的存在。但雷先生在接受这种史观的同时,振聋发聩地指出,中国的文化是个例外。它在秦汉之后进入了第二周期,以淝水之战作为转折点。中国的文化还要进入第三个周期,抗日战争就是其转折点,并为自己生逢这一历史时刻而庆幸。西南联大颠沛流离的艰难经历反而激起了他走出书斋,用自己的如椽大笔投入抗日救国的洪流之中。

雷先生的奴隶社会不具有普遍性、希腊罗马是特例的观点,现在是学术界可以自由讨论的话题。但在苏联"五种生产方式说"成为主流意识形态之时,否定奴隶社会的普遍性无疑就是"大逆不道"。因此,他在当时"格格不入"。但后来的历史研究还是证明了雷先生观点的认可度,至少是一家之言,证明他保持了一个学者的清醒认识,勇于坚持真理。这种精神是非常难能可贵的。

他对一些悬而未决的历史问题也敢于提出自己的看法。比如说,一般生活在温带的人25年为一世,他以此为依据,推算出武王伐纣之年应在公元前1027年,"即有讹误,前后误差也必无十年之久"。这种推演法当然有失严谨,但结果却与后来夏商周断代工程确定的年代(公元前1046年)相差不远,也可算是在当时研究条件下的一种权宜之策吧。

雷先生在武汉大学授课时的讲义,虽然只是提纲,但有两点给人印象深刻。一是提纲非常详细,甚至达到七级标题;二是每章之后都有详细的参考书目。有的虽然今日也难以考证,但他能列出如此详细的参考书目,确实令人震惊。或许他从国外带回来大量的外文书籍,或许武汉大学有如此丰富的世界史藏书,或者是他博闻强记,信手拈来。

这些年,南开大学历史学院先后召开了两次纪念雷海宗先生的大会,在世的雷先生执教西南联大时的学生,如著名学者何炳棣、齐世荣、何兆武等都在不同的场合发言或撰文表达了对先生的敬仰和怀念。南开大学20世纪50年代的受业学生也都深情回忆了与雷先生的师生缘。2015年,南开大学历史学院迁入津南新校区,历史系校友众筹给雷先生竖立了一尊雕像,与另一位南开史学泰斗郑天挺先生雕像一起,敬奉于学院大厅,供后学瞻仰。我常常伫立像前,思绪万千,扪心自问:我们有幸忝列雷先生的第三代传人,我们应该怎样才能更好地继承先生的遗教,为中国的史学研究作更多的贡献?

雷先生这一代学者无疑都是时代的产物,他们的所言所行都有时代的印记。我们不能苛求前贤,但我们可以有选择地接受。就是他们的学术观点,也并非不可商,但他们以学术救国救民的精神值得后人发扬。他们充分利用当时的资料,在非常艰难的条件下,还能静下心著书立说,这种以学术为生命的追求和献身精神是我们应该认真学习的。他们在逆境中仍能提出并坚持自己的学术观点,这种学术至上,吾爱吾师但吾更爱真理的精神更是需要我们大力弘扬的。

斯人已去,精神永存。后学唯有奋进,才能不辱先贤教诲。谨以此文献给一代大师雷海宗先生以及我的恩师、雷先生的传人王敦书先生。

(作者系南开大学历史学院教授)

【学人小传】

雷海宗(1902—1962),字伯伦,河北永清县人,1922年从清华学堂毕业后公费留美,1927年获美国芝加哥大学博士学位。归国后历聘任教于南京中央大学、金陵女子大学、武汉大学。1932年后任清华大学和西南联大教授,曾任历史系主任和文学院代理院长。1952年调至南开大学历史系任教,任世界史教研室主任。我国世界史学科的主要奠基人,与梁启超、蒋廷黻、郑天挺并称"南开史学四大家"。学术研究自成体系,博大精深,有《殷周年代考》《历史的形态与例证》《古今华北的气候与农事》等重要论文,代表性著作为《中国文化与中国的兵》,身后有《西洋文化史纲要》《伯伦史学集》等著作出版。

德法兼修的学人

——记天津大学法学院教授孙佑海

田亦尧

第一次见到孙佑海教授是在 2015 年年底。在完成复建的各项行政准备后,天津大学法学院开始面向全国招贤纳士,我是学院引进的第一批青年教师之一,协助院长孙佑海教授,承担部分助理工作。作为后学后辈,我在读书期间就因孙老师的学界名望对他充满了崇拜与敬仰之情。入职第一天,孙老师与我进行谈话,当时的场景与过程如今依然历历在目,仍清楚记得他当时说的那句话:"重振北洋法科对我们来说使命光荣、责任重大!"天津大学的前身北洋大学,是中国第一所现代大学,律例学门位列建校四大学门之首,中国现代法学教育由此发端。中国共产党早期领导人张太雷,中国第一张大学文凭获得者、法学大家王宠惠都是北洋法科的杰出毕业生。孙老师如数家珍地向我讲述北洋法科悠久的历史和荣耀。在全面依法治国战略布局下,时值天津大学 120 周年校庆之际,法学界和海内外校友都认为重建并复兴天大法科意义重大。面对即将开展的各项工作,孙老师把"有心人,要用心"这句箴言传授予我们这些青年教师,其中饱含着前辈对晚辈成长的殷切期待。

十年磨一剑。2024 年,天津大学法学院迎来复建后的第 10 个年头。10

年前,天津大学聘请孙佑海老师出任天大法学院复建后的首任院长,这是他投身法学教育、培养法治人才事业的一次重要转身。他曾在国家最高立法、行政执法与司法机关担任过重要职务,为中国法治建设作出重大贡献。10年来,在孙老师的感召下,海内外众多青年英才和一大批法学名家齐聚北洋园,天大法学院从仅有十几位老师发展成为拥有近 60 名专业教师,老中青学者梯队合理的成规模学院。尤其是学科建设上卓有成效,2019 年天大法学院获批法学一级学科博士点;2021 年获批国家级一流本科专业建设点;2022 年教育部第五轮学科评估中获评"B+"档次;2023 年"软科中国"法学学科排名居全国法学院校前 12%,2024 年这一排名居全国法学院校前 8%。

在孙老师身边工作,最大的益处就是能够随时聆听他的教诲。有一次我去汇报工作,刚进门就看见孙老师正注视着办公室墙上挂着的天大法学院院训,他语重心长地对我说道:"我们的院训是'崇法厚德 致公天下',但要切记'以德为先'呀!"

孙老师也曾告诫大家,为人处世要做到"利他""致良知""敬天爱人""为人民服务",他将德行修养融于干工作、忙事业的时时刻刻。孙老师曾长期在北京工作生活,来到天津后,京津之间 30 分钟的高铁车程就成为他驻津赴京公干的通勤路线,为了不耽误学院的日常公务,他常常当天往来京津。2021 年年初,一个寒冬深夜,孙老师如往常一样结束加班后回家,不幸遭遇车祸,脚踝骨折不得不住院接受手术治疗。但即使是在病床上,他也坚持每天修改学生论文,与干部职工、学生谈心谈话,在线主持各类会议,最长一次线上会议达 4 个小时,直到医护人员多次劝说后才休息。新学期开始后,他索性将一张行军床放在法学院办公室里,每天吃住在单位。学院师生们目睹孙老师的爱岗敬业,都很受感动和鼓舞。

从教以来,孙老师牢记高等教育立德树人的使命,一直坚持亲自为本科生和研究生备课授课。在脚部骨折养伤期间,他为了讲好新学期全校新工科通识课程"人工智能与法治导论",忍着病痛精心准备了 2 万余字的讲稿,并且坐轮椅来到教室授课。在场学生徐艺轩课后回忆道:"老师小心翼翼地将受伤的右腿叠放在椅子上,一个半小时基本没有换过动作,手臂强撑着讲桌讲课,神情专注。"这让她很是感动,"老师对待工作的认真程度,更是深深触动了我,这样的老师出现在讲台旁的那一刻,就已经给我上了一课。"在日常生活中,孙老师记挂着同学们,他经常到学生自习室和寝室,了解学生的饮食起居,关心同学们是否按时吃饭,提醒大家及时添衣御寒。在他的指导和关爱下,一大批优秀学生毕业后任职于知名高等院校、中央和地方国家机关、中央企业等用人单位。2023 年,孙老师领衔申报的"铸魂立根 聚力赋能:'五新一体'的天津大学新法科建设"教学成果获高等教育(本科)国家级教学成果奖二等奖。在大家看来,孙老师不仅是知名的法学家,也是值得我们学习的教育家。

繁重的行政事务和教学任务并没有削弱孙老师追求卓越的学术信念和为社会主义法治建设贡献力量的拼搏意志,他为中国特色社会主义法治理论,特别是生态文明法治理论的创新发展作出了自己的贡献。

作为天津大学环境资源保护法学科领军人,孙老师带领科研团队围绕国家重点理论攻关热点,在生态文明法治领域内先后立项 3 项国家社科基金重大项目,承担 40 余项国家社科基金重点项目、一般项目及其他省部级课题;他长年笔耕不辍,在《中国法学》《法学研究》等权威期刊报纸累计发表 300 余篇高水平学术论文。孙老师坚持"有组织科研"的指导思想,倡导成立了"天津大学法学院国家制度与国家治理研究院",统率全院智库建设,其中,以"天津大学中国绿色发展研究院"为代表的一批高端智库,在服务国家和地方法治建设上取得了显著成绩,他本人还受邀担任天津社会科学界联合会智库联盟召集人。孙老师撰写的咨政报告,为国家重点领域法治建设贡献智慧,其中,他草拟的《反食物浪费法(草案代拟稿)》,呈报至全国人大常委会,推动解决民生问题,得到中央领导同志的高度肯定。多年来,每当有关单位就国家重大立法事项征求意见时,孙老师都会组织天大法学院相关学科专家教师开会研讨,形成高水平立法意见上报。

在孙老师身边工作多年,目睹他的修身治学、为人师范,聆听他的谆谆教诲,对我来说受益匪浅。"在历史长河中,每个人都是短暂的一瞬,你又如何为党和国家、人民的事业作出自己的贡献?"每当自己面临挑战、面对选择、有所困惑时,回想起孙老师传授予我的这句人生自省之问,就如拨云见日般豁然开朗,他教我用更宽宏的格局和视野去实现人生价值。如今,孙老师依然奋斗在教学科研一线,时刻引领着、感染着、教育着吾辈学人志存高远、直面挑战、努力拼搏。

(作者系天津大学法学院教师)

【学人小传】

孙佑海,1954 年生人,2015 年起受聘担任天津大学法学院院长、教授、博士生导师,天津大学中国绿色发展研究院执行院长,长期从事法学特别是环境与资源保护法学的教学、科研工作。曾在《中国法学》《法学研究》《求是》等期刊发表论文 200 余篇,出版学术专著 30 余部。2004 年以来先后主持项目 40 余项,其中包括 3 项国家社会科学基金重大项目、1 项国家社会科学基金重点项目。兼任中国法学会常务理事、中国行为法学会副会长、中国法学会环境资源法学研究会学术委员会主任、天津市法学会副会长兼学术委员会主任、天津市法学会环境与资源保护法分会会长、天津市法官遴选委员会主任委员、天津市检察官遴选委员会主任委员等。

他从桑干河畔走来

——杨生茂先生与中国世界史教学与研究

杨令侠　朱佳寅

中国的世界历史教学始于中华人民共和国成立后，教授者是一批跨越新旧两个时代的知识分子。杨生茂先生就是这个时段的亲历者之一，毕生从事世界历史的学习、教学与研究，其专业方向前期集中于世界近代史，后期主要在美国史领域。

一

1917 年，十月革命发生那一年，杨生茂先生出生在长城之外的桑干河畔，那方水土培育了他淳朴厚道、坚忍不拔的风骨。少时的他目睹了战火连绵、灾难深重的现实，旧中国的贫弱与屈辱令他刻骨铭心。1938 年，杨先生考入燕京大学；1941 年赴美，先后在加利福尼亚大学伯克利分校和斯坦福大学研究院学习美国史；1946 年冬回国。1947 年秋，经校长张伯苓先生面试，他到南开大学文学院任教，主讲必修课"西洋通史"。他是南开大学第三位开设"西洋通史"的教师，也是抗日战争结束后文学院第一位从美国归来的年轻教师。

杨生茂先生总结其一生的学习历程有三个阶段：一是封建主义式教育，即私塾教育；二是资本主义式教育，即正规的学校教育，包括高级小学、高级中学、燕京大学阶段的教育，以及在美国留学期间接受的西方教育；三是社会主义教育,主要是从美国回国后结合教学科研工作,接受的新中国的思想和教育,"第一步是学习新的社会主义的道理"。

新中国成立初期,杨生茂先生的身份在当时非常特殊:第一,大地主家庭出身;第二,美国留学回来;第三,新中国成立后南开大学历史系第一任(代理)系主任;第四,系中共党员(1950 年 10 月 26 日成为预备党员,1959年转正),是新中国成立后南开大学历史系第一位入党的教师。然而,他从第一个身份转化到第四个身份,仅用了三四年的时间。可以想见,这是一个多么巨大的转变过程。杨先生的这种变化与他年少时怀有鲜明的民族主义情结,在美国留学期间对苏联的好奇与观察、作为华人报社记者采访出席联合国成立大会的中国代表团成员董必武后受到的"共产党抗日"的影响,以及回国亲历北平解放时共产党军队纪律严明官兵平等的场面带来的震撼,都有直接的关系。他曾写道,"贯穿自己一生思想的一条主线是反封建反帝的观念和期望国家振兴的心愿"。

从 1949 年到 1979 年中国美国史研究会成立前这 30 年间,一个风华正茂的青年学者杨生茂走到了花甲之年,他把最好的年华献给了中国的世界历史教学工作;从 1979 年到 2010 年他去世这 31 年间,杨先生呕心沥血,倾尽心力于教学科研活动,在其引领和带动下,南开大学美国史研究乃至中国的美国史研究驶入正轨,从寥寥几个学者逐步壮大发展成一支研究队伍。

二

1949 年 1 月天津解放,同年 6 月 10 日,在南开大学历史系全系大会上,教师们签名公推杨生茂先生为(代理)系主任。他是南开历史系首次民主选举的(代理)系主任。担任(代理)系主任后,杨先生开始在全国广罗人才,尤其是为调请吴廷璆先生来南开工作,他特致函时任中南区文教部部长潘梓年,后终于如愿。

1949 年,杨生茂先生在全系作了题为《新的历史》的报告,全力投入历史系课程及学制改革方案的制定。同年他还被推举为天津市大学新史学研究会总干事。

遵从国家高等教育管理部门的指示,大学要开设"世界通史"课程,但是"世界通史"究竟该怎么讲、体系和内容为何,对于百废待举的新中国来说,一时还没有具体的

规划,对于刚从美国留学回国一年多的杨先生来讲,更是巨大的挑战。在新中国成立后的几个月时间内,南开大学世界史的课程体系和学术梯队呈现整齐、优秀的面貌,从原始社会史、上古史、中古史到近代史全面开设各课程。当时,南开大学历史系世界史学科的初创工作走在全国高校前列。

新中国成立初期,杨生茂先生以南开大学为基地,开展了一系列与世界史教学相关的工作。1950 年他参与了新中国第一个全国性历史月刊,也是当时国内极少数刊出世界史论文较多的杂志之一《历史教学》的创立工作;参与编写国内最早使用"世界历史"概念并用马列主义作指导的高中课本教材;20 世纪 60 年代初又编撰了中国第一部世界近代史大学教科书。这

些开创性的工作都极其有价值和意义。

1964年,国家设立了若干个地区国别史研究点,南开大学建立起"美国史研究室",属高教部正式编制并直属。杨生茂先生是南开大学美国史研究室的创始人。研究室成立后,杨先生首先着手相关外文资料的收集整理。虽然上述教学、科研准备活动被"文革"中断了10年,但却成为后续至今南开大学美国史甚至世界史教学与研究的重要基础。

改革开放后,封闭多年的学术界开始出现繁荣景象。在沉寂了10多年后,杨生茂先生重新给本科生开设"美国史"课程并进行学术讲座。南开大学七七级、七八级和七九级的本科生都曾慕名聆听过他的讲演。他从介绍资料检索、强调使用原版外文资料,到坚持马克思主义唯物史观、选择学习何种第二外语对于世界史研究者的重要性,叮嘱熟读中国古典优秀作品讲起,把自己多年的治学心得一一道来。因为听众过多,他讲课的地方曾一度由一间教室改到学校的阶梯小礼堂。改革开放令中国打开了尘封几十年的"学术窗户",年轻人看到窗外前所未闻、前所未见的世界,困惑和问题随之而来,求知若渴的学生们直接跑到杨先生家求教。他总是微笑着耐心地从世界历史的进程上进行分析,肯定他们的思考,纠正他们的偏误,鼓励他们要有信心。虽然杨先生未能提供完整的答案,但他谦和温润的学术大家风范给学生们留下深刻的印象。1984年,杨先生招收了中国第一个美国史研究方向的博士研究生,开启了他学术生涯新的里程碑。

三

杨生茂先生开设过的课程,编撰、合编与撰写的著作、词典和论文,举不胜举。

杨先生一贯重视教学,新中国成立初期在南开大学开设了"苏联史"和"史学名著选读"课程;20世纪50年代初开设了"世界近代史"课程,是当时南开大学这门课程的主讲者,也是新中国第一代讲授"世界近代史"的教师之一;1958年开设了"美国史"课程;同年招收了南开大学历史系第一个世界近代史专业的研究生。

1962年,张芝联先生和杨生茂先生合作主编的《世界通史·近代部分》(上、下)由人民出版社出版。这两卷世界近代史著作的创新之处在于:从观点上看,打破了"欧洲中心论"和白人主流社会的正统史观;从体例上看,不仅颠覆了欧美,也颠覆了苏联的教材体系,中国历史作为世界历史的一部分被写入这部通史,这在全世界的世界历史著述中是首创,代表了这一领域中国的话语权,其深远意义不言而喻。

1979年,作为主要发起人之一,杨生茂先生组织全国的美国史研究力量合作编了中国第一部《美国通史》。他亲自起草写作大纲,规范写作体例,分配六卷本的具体写作任务。历时20余年,300多万字的《美国通史(1-6卷)》于2002年付梓问世。

20世纪90年代初,杨生茂先生除了与陆镜生先生合著《美国史新编》外,还与另外两位学者共同主编了《美国外交政策史(1775—1989)》。直至20世纪80年代中期,中国尚没有一本研究美国外交政策历史的著作。杨生茂等学者尝试用中国人的文字、体系、构思以及立场和观点,为中国的大学生撰写一本美国外交史教科书。经过艰难的写作过程,该书于1991年底出版。同时,杨先生参与主编的《美洲华侨华人史》等著作也被学界长期引用。

杨生茂先生的学术论文代表作有《试论威廉·阿勃曼·威廉斯的美国外交史学》《试论弗雷德里克·杰克逊·特纳及其学派》《论乔治·班克罗夫特史学——兼释"鉴别吸收"和"学以致用"》《试论美国宪法与美国总统在外交事务中的权力》《关于撰写〈美国外交政策史〉的几个问题》(合撰)和《美国外交政策史三论——为〈美国外交政策史〉所作的导言》等。杨先生的主要学术观点认为,美国外交是其内政的延续,扩张是美国外交史的主线;研究外国史要鉴别吸收。

回溯过往,杨生茂先生和他那个时代的学者是从跌宕起伏的年代走过来的,他们的甘苦冷暖、坎坷曲折是今天的人们难以想象的,他们的治学道路不可避免地带有那个时代的印痕,但他们的学术追求是真诚而富有爱国情怀的。他们为之奋斗希冀建立起中国世界史史观和体系的愿景是执着的,并为此付出了毕生的精力。

杨生茂先生自 1947 年在天津生活起,一直服务于南开大学。他身上体现着中国历史学者的气节、魂魄、脊梁和时代责任感,也是一位谦冲致和、开诚立信的燕赵之士。杨先生更是一个爱国主义者,但这并没有影响其文章秉持客观、中肯、冷静和典雅的风格。他不仅是南开大学世界史学科的奠基人之一,在中国世界史学科和美国史研究中,也是辟先路者。

(作者杨令侠系南开大学历史学院教授,朱佳寅系南开大学图书馆馆员)

【学人小传】

杨生茂(1917—2010),字畅如,河北涿鹿县人。1938 年就读于燕京大学;1941 年入美国加利福尼亚大学伯克利分校,获学士学位;后入斯坦福大学研究院,师从著名历史学家托马斯·贝利研究美国外交史,1946 年获硕士学位,同年年底回国。1947 年开始任教于南开大学,1995 年退休。主要从事世界近代史和美国史的研究,在美国外交史和美国史学史方面尤有重大建树。曾任南开大学历史系(代理)系主任、世界史教研室主任、历史系副主任、美国史研究室主任等,兼任国务院学位委员会学科评议组成员、全国哲学社会科学"七五"规划世界史组成员、中国美国史研究会副理事长、中华美国学会常务理事、天津市哲学社会科学规划领导小组成员、《历史教学》编委等。曾获天津市劳动模范、天津市"五讲四美"为人师表优秀教育工作者和国务院颁发的政府特殊津贴等荣誉。主编《美国外交政策史(1775—1989)》《美国历史百科辞典》,合作主编《美国通史(1-6 卷)》《世界通史·近代部分》,合著《美国史新编》,编著《美国历史学家特纳及其学派》,出版个人文集《探径集》等。

忆君诵诗神凛然

——聆听叶嘉莹先生诵诗

张　静

2024年6月中旬，接到高等教育出版社罗编辑打来的电话，说她和同事正在整理叶嘉莹先生数十年来讲授诗词的音视频资料，感觉叶先生在不同时期诵读古典诗词的声音好像也各有特色，希望我作为叶先生晚年的学术助手，能用一句话概括自己听叶先生诵诗的感受，以便他们更好地宣传推广。

是啊，除了传统的电视、广播等渠道外，近年来随着科技的发展，音视频课程、立体书以及新媒体平台的推广，古典诗词的声音之美越来越深入人心。而叶嘉莹先生也曾多次强调——"声音里有诗歌一半的生命"！许多诗词爱好者都对叶先生诵读古典诗词的声音印象深刻。在叶嘉莹先生身边学习、工作20年来，我有幸在各种场合聆听过叶先生读诗、诵诗和吟诗。多数是比较公开的场合，比如叶先生在演讲、讲座、授课或接受采访的时候，往往会引用古人或自己的诗词，这时叶先生往往是用自己独特的诵读方式（将普通话中已经消失的入声字读为短促的仄声）来读诵。如果是在相对轻松的氛围里，比如跟自己的学生聊到某首作品或其中的几句，兴之所至，叶先生还会反复吟咏，带领大家一起体味其中三昧。此外，我还听到过叶先生在家中做饭或做针线活儿的时候，自言自语似的浅吟低唱。

然而,如果要让我用一句话来形容自己听叶先生诵诗的感受,我却一时不知该如何概括,脑海中想到的却是听叶先生诵诗令我心头凛然一震的几个场景,至今回忆,依然觉得是感动、是洗礼,是自己人生中宝贵的经历。

记得有一次在北京恭王府博物馆举办的"海棠雅集"上,因恰逢中国人民抗日战争胜利70周年,2015年4月13日举行的第五届"海棠雅集"以"乡愁"与"中国人民抗日战争胜利70周年"为主题,受邀的各界嘉宾以朗诵吟唱的形式展示古今佳作。叶嘉莹先生应邀出席并在现场声情并茂地读诵了宗志黄先生的两套散曲,在与会嘉宾中产生了强烈反响。叶先生此次诵读的两套散曲,均刊发在当年《中央日报》副刊"泱泱"版上,一套以《正宫·端正好》一支曲子为开端,题名《钟馗捉鬼》,发表于1948年6月21日,写的是国民政府大员于抗战胜利后,把"接收"变成了"劫收",上下贪腐,不到三年就面临败亡的结果;另一套以《南吕·一枝花》一支曲子为开端,发表于1948年7月15日,写的是抗战后期百姓在战乱中逃亡的颠沛流离之苦。前一套曲子将当年国民政府上下贪腐的恶形恶状和人民的激愤,写得嬉笑怒骂、痛快淋漓;后一套曲子则写得情景真切、哀感动人,使人读了可以深切感到"天下兴亡,匹夫有责""覆巢之下,焉有完卵"的古训,激起每个人对国家安危的关切。时年91岁高龄的叶嘉莹先生不顾自己的腰痛,坚持站着为大家诵读了这两套共计近3000字的散曲,是那次雅集活动中时间最长的一个节目。叶先生自从1948年夏读到这两篇散曲套数,认为写得极为真切动人,所以就将刊印有此两套曲子的报纸剪存,一直保留到现在。究竟是怎样的作品,深深打动了这位从教数十载的古典文学研究专家,多年来未曾抛舍?又是怎样的一份文化深情,使流寓海外饱经忧患的叶先生心心念念要回国承传?又是怎样的发心,令当时已91岁的叶先生在抗日战争胜利70周年之际决意将这两篇散曲套数郑重诵读于世?当时我坐在一旁,一字字、一句句听着叶先生的诵读,最真实的感受就是"既闻其言,不觉憬然,心形俱肃"(《世说新语·赏誉》)。

还有一次是2019年8月22日,地点是在南开大学主楼111教室。由教育部、国家语委联合主办,南开大学承办的首届"中华经典诵写讲大赛"

之"迦陵杯·诗教中国"诗词讲解大赛的全国总决赛在南开大学举办,大赛以叶先生的号"迦陵"来冠名,就是要宣扬叶先生所倡导的"兴发感动"的中华诗教理念,引领中小学古典诗词教学,引导社会大众特别是学生群体更好地熟悉诗词歌赋、读懂中华经典、弘扬爱国奋斗精神,增强文化自觉、文化自信、文化自强。当时已95岁高龄的叶嘉莹先生数月前刚刚罹患肋间筋膜炎,尚未完全康复,但仍然坚持坐着轮椅来到现场,与来自全国各地的200多位中小学语文教师亲切见面。叶先生说:"欢迎诸位老师到南开大学来,大家这么喜欢诗词,我觉得非常高兴。看到我们有几千年优秀文化传统的国家,气象一新,一切都欣欣向上,我真是非常高兴。我可以把我早年写的一首绝句吟诵一下:构厦多材岂待论,谁知散木有乡根。书生报国成何计,难忘诗骚李杜魂。"接着,叶先生又为大家先诵读后吟诵了自己的新作——一首题为《诗教》的七言绝句:"中华诗教播瀛寰,李杜高峰许再攀。喜见旧邦新气象,要挥彩笔写江山。"最后,叶先生语重心长地对大家讲:"我们每一个人都应该把自己的笔拿起来,好好地来描述我们的时代,来表现我们的理想。对于国家的繁荣昌盛,我们每个人都该尽到自己的力量。"在场的每一位老师都被叶先生的话语和诵读之声所折服,情不自禁地跟着叶先生反复诵读这首《诗教》之诗,很多老师都泪流满面。作为叶先生的学生、作为一名教师、作为诗教传承队伍中的一员,那一刻,我感觉自己对刘禹锡的诗句"天地英雄气,千秋尚凛然"有了更深的体会。

还有一次就是2023年10月15日,由中央文史研究馆、国际儒学联合会与南开大学联合主办的"叶嘉莹教授百岁华诞暨中华诗教国际学术研讨会"在南开大学主楼小礼堂隆重举行。本来大会主办单位与叶先生的主治医生联合商议,叶先生不必离开医院病房亲临大会现场,她也提前录制了向与会嘉宾问候致意的短视频,但就在大会召开的前一天下午,叶先生接连给我拨打了多个电话,始终强调:"全球各地的专家学者都赶到南开了,我如果不到现场亲自向大家表示一下感谢,会很失礼,一定要替我向医院请个假,请大会组委会允许我到大会现场。如果大家担心我的身体状况,我可以简短地就讲两句话,但我明天一定要去现场参会。"我只好向大会组委会转达了叶先生本人的意见。第二天,在主治医生的陪同下,叶先生终于出现在了大会开幕式的主席台上,台下的嘉宾全体起立,掌声雷动。除了向与会来宾致谢,叶先生情到深处还即兴吟咏了自己 10 多年前创作的一首小诗:"结缘卅载在南开,为有荷花唤我来。修到马蹄湖畔住,托身从此永无乖。"叶先生说,"我在海外漂泊多年,能够回到南开,是我的幸运。我一生经历了很多坎坷,能够有诗相伴,更是一份幸运。我们中国的诗歌传统,诗对人的感动和教化的作用,一定会一直传承下去的。我现在年岁大了,以后诗教传承的事业就靠大家了。"站在幕后的我,听得已是热泪盈眶,刹那间想起苏轼的那句诗"凛然高节照时人"!

言为心声。我想叶先生诵诗最重要的特点就是真切,这是出于对优秀古典文学作品当代传承的迫切、对诗教薪火代有承传的殷切、对中华优秀传统文化海内外弘扬的关切。每次现场聆听叶先生诵诗,我被深深打动的,还是叶先生在诵诗时自内而外散发出的那种凛然生气。于是我用微信郑重地给罗编辑回复了七个字:忆君诵诗神凛然!

（作者系南开大学文学院教授、博士生导师,南开大学中华诗教与古典文化研究所副所长）

【学人小传】

叶嘉莹（1924—2024）,号迦陵,1924 年农历六月初一出生于北京一个书香世家,中国古典文学研究专家、诗词教育大家,南开大学中华诗教与古典文化研究所所长、博士生导师,中央文史研究馆资深馆员、加拿大皇家学会院士。1941 年考入北京辅仁大学国文系,1945 年毕业;1948 年迁居中国台湾,20 世纪 50 年代先后在中国台湾多所大学任教;1966 年赴美国讲学,先后任密歇根大学、哈佛大学客座教授,后定居加拿大温哥华,受聘为加拿大不列颠哥伦比亚大学终身教授;1978 年申请回国教书,1979 年起在南开大学任教。作为中华古典诗词的教研工作者,一生以弘扬中华诗教为己任,培养了大批中国传统文化和古典文学人才,为传播中国文化作出重要贡献。获香港岭南大学荣誉文学博士、加拿大阿尔伯塔大学荣誉博士、中华诗词学会终身成就奖、2015—2016 年度"影响世界华人大奖"终身成就奖、改革开放 40 周年最具影响力外国专家、2019 年度中国政府友谊奖、感动中国 2020 年度人物、第六届世界中国学贡献奖等荣誉称号。出版有《杜甫秋兴八首集说》《王国维及其文学批评》《迦陵论词丛稿》《迦陵论诗丛稿》等数十种著作。

忆君诵诗神凛然
——聆听叶嘉莹先生诵诗

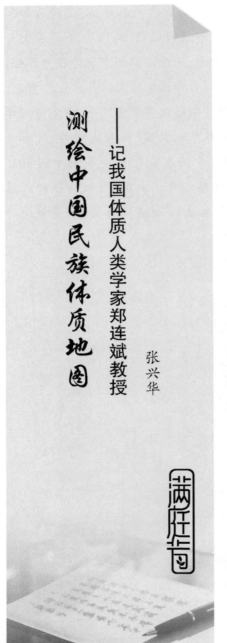

测绘中国民族体质地图

——记我国体质人类学家郑连斌教授

张兴华

跟郑连斌老师初识于 2006 年秋天,那时我刚到天津师范大学攻读硕士学位,虽然本科是学理科的,但我对民族学和历史学比较偏爱,正好郑老师的科研方向涉猎这两门学科,选导师时,经过等待和争取,我如愿以偿成为他的学生。

随着日常接触的增多,我对郑老师的了解也逐渐深入。

如果从 1981 年做本科毕业论文开始算起,郑老师从事中国民族体质人类学研究已有 40 多年了,科研已成为他生命的一部分。在确定自己的科研方向上,《中国八个民族体质调查报告》这本书给了郑老师很大的启发,他曾回忆道:"序言中有句话'民族体质调查研究意义的重大,不在人口普查之下'引起了我的注意。于是我开始思索,这项工作我也能做。"1989 年,郑老师在内蒙古师范大学组建了生物人类学团队。1991 年,他的第一个科研项目"内蒙古蒙古族、汉族、朝鲜族和回族四个民族体质人类学与人类遗传学研究"获批,当时经费只有 8000 元。郑老师非常珍惜这笔经费,带领团队第一次离开呼和浩特,去兴安盟的乌兰浩特市开展了东北汉族、科尔沁蒙古族、朝鲜族的经典遗传学指标的调查,使这些族群有了自己的上眼睑皱褶、内眦褶等经典遗传学数据。那是团队第一次赴野外工作,郑老师后来回忆说当时自己心里是很兴奋的,但也有些迷茫、忐忑,所幸首次野外调查还是比较顺利的。

20 世纪 90 年代中期到 21 世纪第一个 10 年,是中国体质人类学发展比较艰难的阶段。老一辈体质人类学工作者已陆续退休,加上微观研究、基因分析等技术的发展,宏观体质人类学研究的空间被大大压缩,没有经费,一部分年轻人的科研开始转向,一些具备良好研究基础的体质人类学团队解散,传统体质人类学研究呈现冷落、萧条之况。然而郑老师却心无旁骛,带领团队坚持下来。其间,他先后主持了"内蒙古 7 个民族 18 项指标的人类群体遗传学研究""中国僜人、克木人等 6 个人群的体质人类学研究""中国11 个少数民族体质特征的人类学研究"这 3 项国家自然科学基金项目。其中第一个项目的实施是郑老师 1997 年调到天津师大后进行的,他带领团队去内蒙古呼伦贝尔盟(今呼伦贝尔市)、兴安盟等地调查了阿拉善蒙古族等18 个族群的舌运动类型、不对称行为、头面部观察指标等 25 项人类群体遗传学指标。2002 年开始,郑老师带领团队完成了布依族、京族、仫佬族等 11个民族的头面部、皮褶厚度等体质数据调查。2005 年开始,他又率队完成了莽人、克木人、僜人、布里亚特人、图瓦人、云南蒙古族的头面部、围度等体质测量工作。正是因为郑老师带领团队所做的这些工作,使上述族群有了历史上第一份完整的体质人类学数据,助力中华民族体质数据库的进一步完善。

我在跟随郑老师读研期间,参加了僜人、图瓦人等族群的体质测量工作,深刻体会到民族体质调查工作的艰辛与不易。第一次跟郑老师出外做

测绘中国民族体质地图
——记我国体质人类学家郑连斌教授

115

调查是去西藏，从跟当地民委联系到入户测量，他都事必躬亲、全程参与。在进行僜人的体质调查时，为了让数据样本量多一些，我们一村又一村、一户接一户地转，直至把能去的地方都跑遍。郑老师对我们说，做科研就要有执着与坚守的精神，始终初心不改。他是这样说的，也是这样做的。我们所调查的地方有时车上不去，大家就下车背着仪器徒步前行；年纪最大的郑老师经常快速走在队伍最前面，他不想让村民们等待太久。

是否主持过国家自然（社会）科学基金重大（点）项目，是考验一个研究团队科研实力的重要指标。1996 年，在南宁召开的中国解剖学会学术年会上，在内蒙古医学院（今内蒙古医科大学）解剖学前辈朱钦先生的鼓励下，郑老师提出开展中国汉族的体质研究，得到了人类学专业委员会的认可。会后，郑老师连续两年申报关于汉族体质研究的面上项目，均未果，后来把研究对象锁定为中国少数民族，但他研究中国汉族体质的想法一直未泯。2007 年，郑老师拜访朱钦先生时又提起此事。朱先生说，一个面上项目难以完成汉族体质研究，不如干脆申报国家自然科学基金重点项目，来完成汉族体质的测量工作。

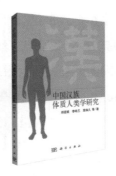

汉族体质研究课题很大，单凭天津师范大学一个学校难以完成，郑老师决定和内蒙古师范大学、辽宁医学院（今锦州医科大学）的同仁们合作来申报项目。2009 年，由上述三所高校联合申报的国家自然科学基金重点项目"汉族体质人类学研究"获批，这是我国有史以来最大规模的汉族体质调查。立项后，研究工作随即展开。团队跨越黑龙江省、吉林省、辽宁省等 22 个省级行政区，对 31 个城市汉族族群、36 个乡村汉族族群开展了指标较齐全、大样本量的人体测量学研究，共测量 4.3 万多个汉族成年人的头面部与体部数据，通过大量翔实的数据破译了汉族人体质"密码"，也为生物学、遗传学等方面的研究提供了强大的基础数据支持。该项目于 2012 年顺利结题，郑老师领衔编著出版了《中国汉族体质人类学研究》，这是国内第一部专门研究中国汉族体质的专著，为后世留下了 21 世纪之初中国汉族人比较详细的人体数据。

　　长期从事田野调查研究，面对的是严峻的自然环境和艰苦的生活条件，但郑老师很少有感到疲惫的时刻，对科研总是充满热情，如同科研道路上的"愚公"。2013 年开始，他又带领团队开展了"中国革家人、摩梭人等 9 个族群的体质人类学研究"这一项目，对贵州革家人、西双版纳州傣族、川滇边界泸沽湖畔的摩梭人、新疆维吾尔族、西藏喜马拉雅山区的夏尔巴人、海南临高人、五指山下的黎族、甘川边界大山中的白马人、四川阿坝州的羌族等进行了体质人类学研究。

　　2015 年，郑老师团队参加了复旦大学金力先生主持的科技部基础性工作专项"中国各民族体质人类学表型特征调查"，主持课题"藏缅语族等少数民族体质人类学基础表型特征调查"，完成了哈尼族、基诺族、白族、拉祜族、彝族等 16 个族群的体质人类学表型特征调查。除了头面部与体部测量工作外，还有民族语音、头部人像、生化指标、遗传样本、身体成分等项目采集工作，任务十分繁重。这项工作为中华民族表型数据库的建立作出贡献，具有重要的科学意义与应用价值。几年间，团队转战于云南、四川、贵州、西藏的大山里，辛苦甚于往常。郑老师几乎参加了所有的野外调查工作，考虑到他年事已高，团队成员都劝他不用亲赴采样地，在后方坐镇指导就好，但郑老师为了确保调查顺利开展，总是和团队一起下村寨、爬高山、入森林、越河流，冲在田野调查的最前头。

　　郑老师常说，他在科研上取得的成绩离不开前辈的无私帮助，特别是朱钦和杜若甫两位先生的精心指点，他一直铭记于心。而他也以两位先生为榜样，对学界同仁，尤其是新人总是给予有力的扶持。几年前，当徐飞教授团队因为教学任务重，难以完成傈僳族、怒族、独龙族体质调查工作，向项目组求援时，郑老师二话不说，带领团队接下这个任务，第二次深入怒江大峡谷，克服重重困难，圆满完成了这 3 个民族的体质测量工作。

　　在郑老师身边工作，收获的不仅是科研成果，更有精神层面的激励和振奋。郑老师带领团队外出调查，少则二十天，多则一个多月，完成了一个个族群的体质测量,我们一起走过祖国很多地方,汗水洒在了一片片的热土上。多年来,郑老师培养的一届届研究生,接力耕耘在体质人类学的沃土上,在野外年复一年、一次又一次的奔波中,在辛苦工作的同时,接触到乡土的自然气息,领略到少数民族的多彩风情,也欣赏了祖国山河的壮丽。这些经历是学生们一生难以忘怀的。

郑老师到天津师大工作后,担任过生物系系主任,作为学科带头人建立了遗传学硕士点,迄今已培养了 30 多位研究生,大部分毕业后投身于科研和教学一线。他还一手建立了天津师大体质人类学团队,科研能力在国内民族体质人类学研究领域处于领先地位。40 余年如一日,郑老师带领团队通过观察、测量以及生物分析等方法长期研究我国各民族人口的体质特征,目前已开展了 38 个少数民族和 22 个省级行政单位的汉族体质研究,获得了超过 6 万人的 400 多万个有效体质数据,建立了全国最大的体质人类学数据库,解决了我国没有系统的民族体质表型记录问题,原创性地勾画出一幅详尽的民族体质表型"地图",使天津师大成为我国体质人类学宏观研究的"重镇"。

郑老师带领团队取得的研究成果,从体质人类学角度证实了各民族在交往交流交融中不断融合发展,印证了我国各民族骨肉亲情不可分割;通过民族体质数据数十年的前后对比分析,为国家民族扶持政策提供了体质数据支撑;展现了中华民族体质特征的共性,为铸牢中华民族共同体意识提供了体质人类学依据。正因为对体质人类学的突出贡献,郑老师于 2020 年在上海人类学学会学术年会上荣获业界最高荣誉"人类学终身成就奖"(即"金琮奖")。

(作者系天津师范大学生命科学学院教师)

【学人小传】

郑连斌,1948 年生人,江苏淮阴人。天津师范大学生命科学学院教授,

118

著名体质人类学家。1978年入内蒙古师范大学生物系学习,1982年毕业留校任教。1997年调至天津师范大学生物系工作。培养了天津师范大学与内蒙古师范大学两支体质人类学科研团队,科研能力在国内民族体质人类学领域处于领先水平。2019年获天津市道德模范提名奖。2020年获人类学终身成就奖"金琮奖"。2021年获天津市最美科技工作者、天津市优秀共产党员荣誉称号。带领科研团队相继出版《中国汉族体质人类学研究》《中国蒙古族体质人类学研究》等专著。

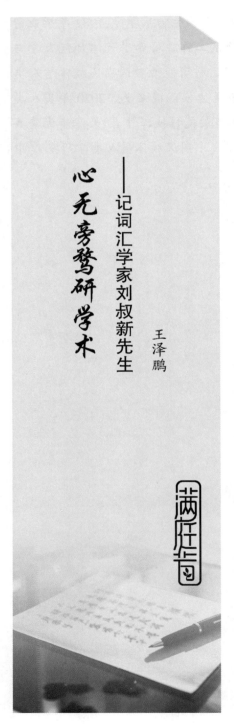

心无旁骛研学术

——记词汇学家刘叔新先生

王泽鹏

　　恩师刘叔新先生离开我们已有八载,而先生的音容笑貌依然如在眼前,让我们好不怀念。怀念他对后学无私的谆谆教导,怀念他言传身教、一丝不苟的容姿神态,怀念他勤苦为学、笔耕不辍的人生信条。先生也常常出现在我的梦中,每次都是身着去世时穿的那套衣服,梦境让我泪湿枕巾,难以入眠。

　　上大学的时候,买过刘先生一册论文集《词汇学和词典学问题研究》,这本书初版于 1984 年,在词汇学领域影响深远,滋养了一大批步入词汇学研究领域的学人。大学毕业后,我留校任教,教授大学写作课,但于语言学并未完全放弃。1994 年购得《刘叔新自选集》,这是"著名中年语言学家自选集"首批五集之一,刘先生的文章立论高远,见解掷地有声,给人以点拨和启发。这一点也为同行关注。我本科时的老师张志毅先生在词汇学领域也深挖有年,成就斐然,他特别推崇刘先生,说"国内词汇学研究,首推南开大学的刘叔新"。张先生经常给我们介绍刘先生在词汇研究领域的贡献和地位,他说学问之道有二:一是资料型,旁征博引,在大量资料分析基础上阐发自己的观点,这是牛顿的做法,"如果我看得更远,那是因为我站在巨人的肩膀上";二是发现型,学者凭借自己的才智发现事物发展变化的规律性。刘先生就在后者之列,他在语言学研究中有许多自己的独到发现,这是真正的学者行为。因此,张先生鼓励我报考刘先生的研究生。

1994年,我赴南开大学拜访老师。那时我准备报考美学研究生,联系了薛宝琨老师,也拜望了刘先生。后来刘先生写信鼓励我改学语言学。语言学是介于社会科学和自然科学之间的学科,科学性更强,值得作为学问来研究。得刘先生青睐,我于1996年忝列先生门下攻读硕士、博士学位,直至2016年刘先生辞世,我与他几乎朝夕相守,先生对我助益无穷,也让我受益终身。

刘叔新先生因为学业人品俱佳,本科毕业便留在南开大学中文系任教,做著名语言学家邢公畹先生的助教,后来去北京大学进修学习,师从高名凯、岑麒祥二位先生学习语言理论,理论思维能力因而形成,这使得他1964年就在《中国语文》期刊上发表了长篇论文《论词汇体系问题——与黄景欣同志商榷》。

刘先生一生在南开大学工作,从教50余年,曾担任现代汉语教研室主任、南开大学学术委员会委员。1996年,先生被日本爱知大学聘为客座教授,任《中日大辞典》修订工作顾问。同年受邀赴芬兰、德国等国作学术讲演。先生的研究领域十分广泛,涉及现代汉语词汇学、语法学、语义学,也研究粤方言、汉语壮侗语比较词汇学、语言理论和词典学等。业余喜好诗词创作、书法和音乐,有多种散文诗词集、音乐著作和书法作品集出版。

凡事预则立,不预则废。刘先生常以这句古语来训诫我们,让我们一定要规划好自己的人生和学业。先生这样教导我们,他自己也是这样做的。

在整理先生的遗物时,我们发现了他的三份研究计划。一份是《科研十年计划(1963—1972)》,计划分三大类,一类是普通语言学专题研究,下分15个专题(其实是15篇不同内容的论文题目,这些论文后来都得以发表);一类是现代广州方言研究,下分几个研究专题;还有一类是汉语风格学概论。先生在每个研究专题后面都标注了预计完成时间,已完成的专题前写有"已"字,未完成的则是空白。还有一份《三年科研计划(1977—1980)》:在做好《现代汉语同义词词典》编纂工作的同时,完成十几万字的专题研究,再完成几篇小论文,以及荀子语言思想研究等。第三个计划写在一张纸的背面,未标注时间,但其中有好几个计划直到他去世仍未能完成,基本完成的任务是《古典诗词的体式韵律及其运用》(先生遗著,虽然未全部完成,但眉目全现,从中可以窥见诗文写作之道,该书稿由商务印书馆于2017年出版)。先生未完成的任务还有很多,作为学生的我们,多么希望先生延寿一纪,来完成他未竟的事业!

读书、写作、思考需要花费大量的时间。写作是灵感和激情碰撞的成果,没有时间思考当然也就没有了灵感,没有了写作。1996年,先生利用在日本工作的业余时间,完成了《连山壮语述要》一书的写作任务。从日本讲学归来,先生斥资9千多元置备了电脑和打印机,这些在当时都是稀有物件。我见了电脑也是非常好奇,天天"玩弄",帮着先生将《连山壮语述要》

一书输入电脑，书中很多国际音标，输入相当麻烦，而且系统重装之后，所有音标都变成了乱码，还得重新输入，还有很多字符需要造字。我用了4个多月的时间才完成整本书的输入。书出版后，没有打印任务了，我还是会利用晚上的时间到先生家中玩电脑，自然浪费了很多时间。先生见状后提醒我："天天打电脑，你都没时间看书了。"他本人惜时如金，也不愿看到自己的学生浪费光阴。我听到劝诫后，很快警醒过来，不再沉迷于玩电脑。

先生对时间的充分利用几乎超出了一般人的想象。他退休后不辍工作，给硕士研究生、博士生上了几年课，带了几届博士生，发表论文近20篇，出版专著8部，还写了大量的诗歌、散文、序跋，并结集出版。仅《东江中上游土语群研究：粤语惠河系探考》一书就有70多万字，里面有大量国际音标，一笔一画写出来，没有一定的耐心是无法做到的。先生用功之深，爱惜光阴，由此可见一斑。

做学问搞事业，除了要有计划，要珍惜时间，还有一点也特别重要，那就是刘先生常说的"心无旁骛"。先生做事专心致志是一般人所想象不到的。比如他常常在做饭的时候突发灵感写东西，或接打电话，或查资料，于是乎，厨房里经常会出现一壶水烧干、面条煮焦、炒菜全煳、做汤烧干等情况。我就在先生家多次吃过煮煳的面条。记得有一次，先生的邻居打电话通知文学院办公室，说先生家着火了。文学院办公室又给我打电话，我赶紧放下手头的工作骑车赶到先生家，自然是虚惊一场。原来是先生煮了一锅面条，全都烧煳了，一屋子黑烟，味道传到了邻居家。

先生著书立说是如此的专心致志，真令后学感叹不已。有时候我会直言不讳地劝先生，可先生却说："太注重生活上的事情，就什么也做不成了。"先生说这话时是在1998年，至今一直回荡在我的耳畔，时刻提醒我全身心投入工作中。

先生言传身教，一生培养、影响了很多人，他为国家共计培养博士十多人、硕士几十位，这些学生毕业后大部分从事语言学研究和教学工作。学界同仁对先生也多有推崇，在词汇学领域卓有成就的苏新春教授曾说："在我学习词汇学的过程中，对我影响最深的是刘叔新先生的那本《词汇学和词典学问题研究》,后来成为我案头上摆放时间最长的书之一。"

作为先生的学生,我们将传承其学术思想,发扬其治学精神,在各自的工作领域作出成绩和贡献。

(作者系南开大学汉语言文化学院副教授)

【学人小传】

刘叔新(1934—2016),祖籍广东惠州,1953年入南开大学中文系学习,1957年毕业留校任教。1986年晋升为教授,1996年被评为侗傣语专业博士生导师。曾兼任南开大学学术委员会委员、天津市社会科学规划语言学学科组长、天津市语言学会会长、中国语言学会理事、国家语委全国语言文字标准化技术委员会汉语语汇分会顾问等。一生潜心语言学研究,在语言理论、词汇学、语法学、语义学、词典学、方言和少数民族语言研究等领域取得丰硕成果。有《词汇学和词典学问题研究》《粤语壮傣语问题》等30余部著作,其中,《汉语描写词汇学》曾获全国高校人文社科优秀成果二等奖;主编《现代汉语同义词词典》获1988年全国优秀图书奖,并获天津市社科优秀成果工具书一等奖。发表论文80余篇,另有散文集、诗集多种。主编过多种语言学丛刊和译文丛集。

风标才器　实足师范

——忆会计学家李宝震先生

韩传模

　　李宝震先生离我们而去已 30 余年。望着先生的照片，我们仿佛又听到了他铿锵有力的声音，追随先生的一幕幕好像就发生在昨天，尤为难忘的是先生那以春风风人、以夏雨雨人的学者风范和师者操行。

　　先生人格高尚、胸怀坦荡、为人豁达。读研期间，先生给我们上第一节课时，就告诫我们"先做人，后做学问"。这简单的 7 个字，一直影响着我们的人生之路。先生经常教导我们，首先要了解为人处世的原则和规律。在待人处世的礼数、礼节、礼法、礼教方面，先生言传身教，使我们懂得了一个知识分子应该具有的涵养和气质。在先生的心中，所有人都是平等的，他总是设身处地去理解和包容别人的行为。"文革"结束后，先生对曾经打骂过他的"造反派"并不记恨，有的人在学校当了老师，当讨论职称晋升时，先生作为评审委员会的专家，对他们都客观地投了赞成票。改革开放初期，人们对学术问题的争论很多。先生虽然与一些知名教授的学术观点不同，甚至还有一些公开讨论，但他们私下关系都非常和谐。每当我们外出调研或参加学术交流时，先生都嘱咐一定要安排时间去看望这些教授。先生一生对学问孜孜以求，不曾争名夺利，做人低调，从不抱怨，无论是身处逆境，还是经历辉煌，他总是淡然以对。

先生是蜚声海内外的著名会计学家和教育家，在会计界与潘序伦先生素有"南潘北李"之称。1937年，先生以优异成绩毕业于天津工商学院并留校任教，成为该校第一个讲授会计课程的中国教师。1942年，年仅26岁的他被晋升为教授。先生是"会计科学论"的创始人，是我国"会计科学论"学派的创建者，他治学遵循理论联系实际，著述颇丰，据不完全统计，他一生出版的论著和教材达150余种，其中教材、专著60余种，论文80余篇，有多部作品获得哲学社会科学优秀科研成果奖。1937年，他发表了英文专著《中国之所得税》，得到国际财政专家的重视和赞赏，法国巴黎社会科学院将该书译成法文，日本有学者也引用书中的观点，将其作为参考文献。20世纪50年代，他结合我国实际情况，与卢世忠合著《工业企业凭单日记帐核算形式》一书，1957年出版后，深受工业企业界欢迎，国内机械、纺织工业系统广泛采用这种核算形式，财政部也在全国推行此核算形式，且流传到了国外。

1980年以后，已步入花甲之年的先生以其深厚的中西学功底，致力于具有中国特色的会计、审计理论和方法体系的研究，连续发表了多篇(部)具有很高学术价值的论文、著作，其独到见解引起会计界的积极响应。1980年，他发表在《会计研究》创刊号上的论文《论社会主义会计的原则》，被公认为国内最早系统提出社会主义会计原则的论文，先生因之被誉为"新中国会计原则第一人"。他所著的"三论"(论会计的性质、作用、原则)，在学术界有很大影响，并被多数会计教科书所引用，日本学者也赞扬他是"中国会计改革的先驱"。

先生治学严谨、师风坦诚。在一次兄弟院校举行的博士研究生毕业论文答辩会上，他谈道："对于提交答辩论文的内容，我个人并不了解，来此前特地请教了一位专家朋友，下面我就将这位专家的意见宣读一下，供论文作者参考。"这番诚实的"表白"令人印象深刻。先生的一篇文章《案例教学有助于造就智能型审计人才》，刊登在《审计研究》1986年第1期上，在文章的最后，先生特意注明：本文参考美国艾伦·P·约翰逊(Alan·P·Johnson)于1980年出版《审计判断》(Auditing Judgment)一书的序言改写而成。其治学的严谨态度和对他人研究的尊重可见一斑。

先生的学生刘铁良博士曾深情地回忆："先生安排我给国际会计新专业的学生讲英文原版教材的会计原理,从我开课的第一天起他连续听了十几节课。当时先生已经70多岁,担任会计系名誉主任和众多社会职务,教学、行政工作非常繁忙,但每次上课他都坐在教室最后一排,仔细听我讲每句话、每个发音,并做好标记。课间休息时经常把我叫到教室外面,告诉我什么地方没讲透、哪个单词发音不准,下一节课我立即补讲或纠正。每当看到先生坐在后排,我就信心满满。"先生对年轻教师和后学的关心、指导,是实实在在的。这样的例子还有很多。

先生一生投身于会计教育事业,为我国会计事业的发展作出卓越贡献。1949年津沽大学成立,先生被人民政府任命为副校长。他虽担任繁重的行政工作,仍然坚持上教学第一线,讲授会计、审计课程,不脱离教学岗位。1974年为天津郊县培训会计人员时,先生与学员一起住在渺无人烟的山区废矿旧址,吃窝头和发霉的咸菜、喝矿井脏水。他独自一人既教会计课,又讲政治课;不但授课,还辅导习题;从早到晚不离学员,每天工作十几个小时。一个月后,他体重减轻了20多斤。结业时,有学员拉着先生的手声泪俱下,舍不得让他回市区。

"文革"结束后,感受到科学的春天来临的先生,倍觉大好时光的珍贵和教育事业的重要,致力于把失去的时间补回来。他做了一系列工作,进一步改进教学,促进我国会计教育的发展。20世纪80年代,改革开放、国门打开,跨国公司纷纷涌入,外资企业如雨后春笋般涌现。先生超前意识到,必须尽快在高等财经院校设置国际会计专业方向。为此,他利用发表文章、学术发言等各种机会反复宣讲他的观点,呼吁有关部门加以重视。1986年,在原国家教委召开的高等学校社会科学本科专业目录会议上,由先生负责起草的国际会计专业培养目标和课程设置得到批准。之后,在先生的努力下,天津财经大学在全国财经院校中率先开设国际会计专业和审计学专业。也是在1986年,国务院学位委员会批准先生担任会计学专业博士研究生导师,他生前招收了近10名博士。这一年,学校还举行了李宝震教授从教50周年庆贺大会。先生是天津财大会计学科创始人,纵观天津财大会计学科发展所走过的每一步征程,无不浸透了先生的心血。

先生对我国会计教育事业倾注了深切情怀。能成为先生的弟子,是我们此生最大的荣幸。先生的朴实无华、言传身教影响着我们每一个人。师恩难忘,永铭于心。

(本文内容系李宝震先生的学生于长春、石爱中、刘铁良、陈敏、郝振平、张立民、韩传模、蔡春共同回忆,执笔人系天津财经大学会计学院教授)

【学人小传】

李宝震(1916—1993),江苏昆山人。1937年毕业于天津工商学院,自1942年起历任天津工商学院教授、会计财政系主任,津沽大学副校长,南开大学教授,天津财经大学会计系教授、首任名誉系主任以及学术委员会、学位委员会、学衔委员会副主任,会计学会理事长等职,享受国务院政府特殊津贴。曾任天津会计学会名誉理事长、天津市社会科学界联合会顾问以及天津市高等院校教师晋升职务评审委员会委员、天津市高级会计师评审委员会副主任委员,中国机械工业会计学会、兵器工业会计学会、铁道财务会计学会、建筑会计学会顾问,天津市政协委员。曾获全国先进工作者、全国优秀教育工作者、全国优秀教师及全国五一劳动奖章等光荣称号。编著有《中国之所得税》《中国会计简史》《国际会计》《国际审计》等。

务实 创新 谋远

——钱荣堃先生与国际金融学

马晓军

　　钱荣堃教授是当代著名国际金融学专家，在国际金融组织体系、国际货币体系、货币理论、汇率理论、汇率制度和人民币汇率政策等方面有着深入的研究，其政策建议对改革开放初期我国对外金融政策产生过重要影响。

　　回顾钱先生的人生履历，许多人常以先生所爱好的三门艺术来喻之：每当先生写文章看书累了的时候，就会挑一盘磁带放一放，闭着眼睛享受音乐或戏曲带来的快乐。这些磁带分为三大类：评弹、西洋古典乐和京剧。先生年少时在无锡读小学和初中，喜欢上了评弹；青年时留学英国，爱上了西洋音乐尤其是交响乐；学成回国后生活在天津，由此与京剧结缘。这样的艺术情怀，恰反映了先生在学术研究方面中西合璧,而处事风格则南北交融。

20世纪二三十年代,钱先生在无锡读小学和中学。初中二年级时,九一八事变爆发,他和同学们一起到南京参加了京沪学生请愿团,回到无锡后,写了一篇题为《公理强权说》的文章,寄给了《上海报》,几天后该报就以社论的形式发表了这篇14岁初中生写的文章,引起轰动。从当时的无锡县立初级中学毕业后,钱先生进入无锡庆丰纺织公司的车间工作了三年,每天工作时间长达12个小时。1936年秋,他到南京东方中学读高中。1937年抗日战争爆发,钱先生跟随学校转移至重庆,转年夏天,他高中毕业后考取重庆大学商学院会计系,后来又转到银行系学习,从此与金融结下了终生的缘分。

20世纪30年代的重庆大学聚集了很多知名教授。钱先生跟从著名经济学家马寅初(哥伦比亚大学经济学博士)等一大批专家学习金融理论。大学期间,钱先生担任了重庆大学经济学社社长,该社是由马寅初先生倡导设立的,并由他本人担任名誉社长。1940年3月,马寅初先生在国民党陆军大学对百余人的将官班发表演讲,猛烈抨击孔祥熙和宋子文大发"超级国难财",要求首先把孔、宋撤职,并将他们的不义之财充作抗日经费。这次演讲,钱先生全程陪同马寅初先生,并做了演讲记录。马寅初先生的人格和风骨,成为钱先生一辈子的学习楷模,每每提起,他总是发自内心地佩服马先生并将其作为行为楷模。

1942年夏,钱先生自重庆大学银行系毕业,报考了经济方面的硕士研究生,并于1944年取得硕士学位。之后钱先生先后任中央设计局货币银行组专员和上海证券交易所专员。1946年,他放弃优厚的工作待遇和条件,考取了中英庚款公费留学生,并于1947年进入英国伦敦政治经济学院(The London School of Economics and Political Science)攻读博士学位。伦敦政治经济学院是英国著名学府,师资力量雄厚,国际知名经济学专家詹姆斯·米德(James Meade),以及诺贝尔经济学奖获得者都在该校任教。钱先生的导师是著名的货币银行学专家赛耶斯(R. Sayers)教授,著有《银行学新论》。一流的师资奠定了钱先生良好的经济学、金融学功底,使他受益终身,也为他日后的教学与研究奠定了坚实的基础。

在伦敦政治经济学院求学期间,钱先生领略了当时经济学和金融学风云人物的风采,沉浸式汲取了各位大师的学术精华,而且正是在该学院的讨论式学习、交流式思考中,钱先生得到了他一生最为推崇的"读书、讨论、写作"这种英式教学方法的精髓,并持之以恒地用在自己的教学和对学生的指导上。他总是引用培根的话来教育自己的学生:"读书使人充实,讨论使人机敏,写作使人精确。"这种精神贯穿在他自己的人生中,同时也教化了学生。

1949年中华人民共和国成立,很多海外学子怀揣报国立业的志向,纷纷回国加入建设新中国的宏图大业之中,钱先生也不例外。1950年秋,钱先生回到了祖国,先是在广州岭南大学担任经济系副教授,后于1951年春到南开大学任教,在金融学系负责货币银行学的教学工作。1953年进行院系调整时,南开大学停办金融系,钱先生被调到图书馆任职,直到20世纪70年代末才重新回到教学岗位,在经济学院任教。

1982年,在钱先生的倡导下,在中国人民银行、中国农业银行、中国人民保险公司的支持下,教育部同意南开大学重建金融学系,钱先生出任重建后的首任系主任,并承担国际金融方面的教学工作。在办学思路上,基于长远发展和现实条件,钱先生创新传统培养模式,主张先办国际金融专业的硕士研究生点,因为有了优秀的硕士毕业生,就有了本科生的师资,招博士生也有了可靠的生源。所以,他于1979年在南开大学开办了国内第一个国际金融硕士研究生点,通过硕士研究生承上启下,在1983年又开办了国内第一个国际金融博士生点,之后于1985年开始招收国际金融专业的本科生。短短几年内,南开大学就有了金融学本科专业、硕士生点和博士生点,拥有钱荣堃、陈国庆、王继祖三位博导和一批教授、副教授组成的师资队伍。1987年,国务院学位委员会组织专家评议硕士研究生的质量,南开大学国际金融专业的硕士研究生培养被评为第一名。1988 年,当时的国家教委组织专家评议全国重点学科,南开大学国际金融专业被评为该专业全国唯一的重点学科。

20 世纪 90 年代初期,当时的国家教委高等教育司组织编写和审定了"高等学校财经类专业核心课程教学大纲",共 11 门核心课程,其中包含国际金融。国际金融作为一门学科,当时在国内尚处于初创阶段,因此亟须一本高水平的教材来达到纲举目张的效果。1993 年,由钱先生主编,陈平、马君潞参与编写的《国际金融》教材出版,这本教材形成了国际收支、外汇、汇率、国际储备、国际金融市场、国际资本流动、国际货币制度、国际金融机构的八章结构,并将中国的对外金融问题分别纳入有关各章来论述。该教材的出版是我国国际金融学科发展过程中的一个重要里程碑,它也成为我国国际金融教材领域的开山之作和经典之作。

除了为南开培养金融人才,钱先生还利用暑假时间开办全国性的国际金融师资班,为金融教育提供急需人才。除邀请国内外知名国际金融专家学者给国内各高校的国际金融专业教师授课,他自己也亲自授课,这个班共举办了三期,为国内高校培养了一批国际金融教学和科研中坚力量。

在金融学的办学思路上,钱先生有很多创新之举。1983 年,钱先生作为南开大学与加拿大约克大学、拉瓦尔大学、麦克马斯特大学的交流项目负责人,先后选送数十名学生到加拿大留学。同时,在南开办了三期工商管理硕士 MBA 班,由加拿大上述三所大学派教授到南开上课,称为"南开—约克"模式,后来许多大学都采取这种模式培养硕士研究生。1989 年,钱先生受当时的国家教委和学位办公室的委托,草拟了中国式工商管理硕士 MBA 学位方案,该方案之后在 10 所大学内试办。1991 年,他负责与加拿大几所大学协商在南开大学创办中加双方联合培养博士中心,包括了国际贸易、国际金融、国际市场三个方向。这种借"外智"练"内功"的办学模式具有开创性和战略性,对当时我国金融人才培养和教育改革起到了巨大的促进作用。

由于钱先生在教学科研方面的突出贡献,20 世纪 80 年代起他被选为中国金融学会常务理事、中国国际金融学会常务理事、华北西北国际金融学会副会长、国务院学位委员会学科评议组（经济学）特约成员。钱先生同时也是复旦大学、东北财经大学、汕头大学、南京大学的兼职教授，为国内其他高校提供教学和研究方面的合作支持。

回顾钱先生的学术之路，他的诸多研究和主张对当时我国的经济金融政策产生了重要影响，尤其在人民币汇率方面。钱先生在汇率安排方面分析了钉住制和弹性制的利弊，提出我国以实行有限弹性汇率制为宜；在汇率政策方面，他提出要使汇率充分发挥经济杠杆作用，但反对高估汇率和对出口进行大量贴补的办法。同时，他对国际货币体系理论的新见解、对美元国际货币地位变化的全面分析和对美元汇率变动的因素的新观点等，也都得到了学界和业界的高度认同。

钱先生一生指导了众多的博士、硕士研究生，为我国金融界培养了大量卓越人才。他对研究生管理十分严格，要求他们不争名利、不求一时，而是要以实实在在的工作成果，建立长远的功业。日常生活中，钱先生非常关爱学生，每次学期结束时，他都会邀请研究生们到家里聚餐，每次餐桌上必有炸猪排，这是他在英国留学时学会的菜，每次的酒水都必有啤酒，想必是钱先生最爱的酒品。师生轻吟浅酌，相互交流思想，其乐融融。

2003 年，钱荣堃先生病逝于天津，享年 86 岁。为激励后学、薪火相传，南开大学金融学院塑立了钱荣堃先生的铜像，设立了钱荣堃金融教育基金，并将创新拔尖人才培养班命名为"钱荣堃班"。

（作者系南开大学金融学院副教授）

【学人小传】

钱荣堃（1917—2003），江苏省无锡市人，曾先后担任南开大学经济学院金融学系教授、首任系主任、图书馆副馆长、经济研究所副所长、经济学院顾问等职务，是我国金融教育领域第一批博士生导师，曾任国务院学位委员会学科评议组（经济学）特约成员。创办我国第一个国际金融硕士点和博士点，曾任国务院学位委员会 MBA 学位设计委员会主任。承担国家"七五"社会科学重点科研项目"资本主义国家金融制度比较研究"的研究工作,并出版了一套丛书,为当时国际金融教学与研究的重要著作。其主编的《国际金融》长期以来是我国国际金融学科的经典教材。1996年获全国五一劳动奖章。

—— **务实 创新 谋远**
钱荣堃先生与国际金融学

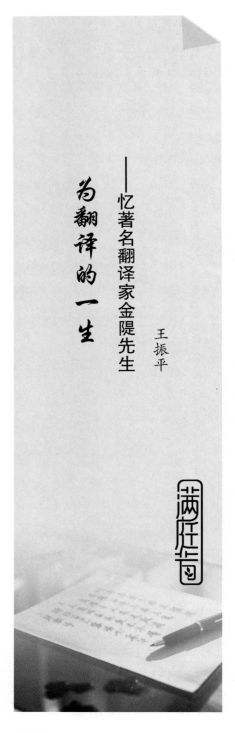

为翻译的一生

——忆著名翻译家金隄先生

王振平

金隄先生将毕生精力献给了他钟爱的翻译事业。金先生于西南联大求学时就开始涉足翻译，此后一生再也没有离开过翻译，不论是做学生、当编辑、教书，还是当木匠，他从来都没有放弃过对翻译的追求。临终前半年，他还在为研究生讲授翻译理论课程；去世前两个月，他每天还在争分夺秒地撰写翻译理论专著《文学翻译的道路》。他是伴随着自己钟爱的翻译事业离开的，有翻译陪伴，他永远不孤独。

金隄先生 1921 年 9 月出生于浙江省吴兴县(今湖州市)一个小知识分子家庭，小学就读于父亲任校长的学校。父亲思想开明，倡导新式教学方法，鼓励学生按自己的兴趣爱好自由发展。

父亲的为父、为师之道对金隄先生的为人治学产生了深远影响。金先生从小就接触了大量文学书刊，到初三时他已经把学校图书馆里所有的文学书籍读遍了。另一个令金先生念念不忘的人是他的祖母。因他只上过几天私塾就进了新式小学，古文学得不多，祖母出于简单的认知，认为古文非学好不可，坚持让他在每年寒暑假习读古文。因此，少年时期的金先生在接受现代教育的同时，也打下了深厚的国学基础。

上了杭州高中（抗战时转到国立贵州三中），受当时科学救国论的影响，加之学校对数理科学的重视，金先生曾一度热衷于科学，并在考大学时选择了工科，考入西南联大电机工程系。到大学二年级时，很欣赏金先生文采的国文老师、诗人陈梦家教授对他说，要想从事创作，就应当吸收世界各国的优秀文学遗产，并劝他转到外文系。电机系主任听闻此事后说："你们听听，金隄竟然要转系，他简直是疯了！"主任实在舍不得自己的得意弟子另投他门，他甚至向金隄预言，说他在电机系学完后一定能留学美国，前途无量。当他听说金隄已经和外文系主任谈妥转系事宜后，不惜到外文系据理力争。外文系主任陈福田对金隄说："你在电机系我没法接收你，你们主任是个 savage（野蛮人），他竟然跑来和我吵架，太不像话了。"得不到系主任的签字，就转不了系，去意已决的金隄不得已提出休学，然后去到中缅边境，开着一辆破卡车，跑了一年运输。一年后回到西南联大，电机系已换了主任，他如愿以偿转到了外文系。

金先生最早接触英语是在 12 岁上初中时，极具外语天赋的他只用了一个学期，就从入门班升入快班。高中时他又学了德语，以后的学习工作中还学会了俄语、法语、日语。在西南联大外文系，金先生可谓如鱼得水，一心想从事文学创作的他，第一次试笔却是翻译，并取得了成功。大学三年级有一次做英文写作作业时，他翻译了一篇沈从文的小说。写作老师、英国诗人罗伯特·白英（Robert Payne）很欣赏他的译文，极力鼓励他翻译下去，并亲自找到沈从文请求他同意让金隄翻译他的其他小说。其实，金隄与沈从文过从甚密，是沈家的常客，沈从文早就对金隄的才华欣赏有加，欣然同意让他翻译自己的小说，并亲自为他选定要翻译的小说篇目。在外教白英的支持下,金隄主译的译本以 *The Chinese Earth:Stories by Shen Ts'ung-wen*(《中国土地——沈从文小说集》)为名于 1947 年在英国出版,受到海外读者的欢迎,后又于 1982 年由美国哥伦比亚大学出版社再版。

1945 年,金隄先生自西南联大外文系毕业后留校任助教。1947 年至 1949 年于北京大学文科研究所读研究生,并兼任北京大学助教。英国著名诗人、文艺理论家威廉·燕卜荪(William Empson)教授是他的两位导师之一。金先生和燕卜荪的亲密关系不仅体现在课堂上,在生活中两人也是亦师亦友。当时的北平见不到英文报纸,燕卜荪和夫人不懂汉语,金隄就充当了他们的新闻报道员,1948 年到 1949 年,他每天上午都要到燕卜荪家读报。当时,《红楼梦》的英文译者、英国著名翻译家大卫·霍克斯(David Hawkes)正在北京大学读研究生,也是燕卜荪家的常客。一天,霍克斯到燕卜荪家时正赶上金隄读报,当看到他读的竟然是中文报纸时,真是吃惊不小,原来他以为金隄口中的流利英语是念自英文报纸。金先生日后回忆说,这一段读报经历对他翻译水平的提高有很大的帮助。新中国成立后,金先生在《中国建设》杂志工作时曾多次担任会议的同声传译,虽然此前没有经过任何同声传译训练,但他每次都圆满完成翻译任务。

金先生一向对文字情有独钟,在西南联大上学时就开始创作,并发表过许多诗歌和散文。1945 年大学毕业留校担任助教时,他还做过一段时间的

报纸编辑工作。据邵燕祥先生回忆,金先生曾做过北平《经世日报》每星期日"文艺周刊"的编辑。

1949 年初,金先生参加中国人民解放军第四野战军南下工作团,不久调回北京,在中央军委机关任编译。1955 年 5 月自部队转业,任英文杂志《中国建设》编辑兼记者。1957 年调入南开大学外语系任教,"文革"中下放农村,在位于南运河畔的后桑园大队劳动改造,先是每天挎着柳条筐下地劳动,后来又挎着工具箱当了几年木匠。其间应邀翻译过一些科技文章。那里的农民喜欢他的为人和手艺,管他叫金大爷,对他的评价是:老实巴交。

1977 年,金隄先生恢复工作后到天津外国语学院(今天津外国语大学)任教,直到离休。对大部分人来说,退休意味着工作事业的结束,含饴弄孙、颐养天年的开始。可是,对于金先生来说,退休却意味着创作高潮的到来,他的主要翻译作品和大部分翻译理论著作都是退休后完成的。

1987 年,金先生应邀到美国进行《尤利西斯》的翻译和乔伊斯研究,后一直旅居美国进行翻译、教学和学术研究。其间曾在英国牛津大学,美国耶鲁大学、弗吉尼亚大学、圣母大学、德莱赛大学、华盛顿大学、全美人文学科研究中心,中国香港城市大学等任研究员或客座研究员。他也在中国、美国、瑞士、德国、西班牙、爱尔兰、澳大利亚、韩国等国近百所著名大学作过学术演讲,与世界各国的学者进行翻译理论研究和乔伊斯研究的学术交流,向外传播中国文化。

金隄先生对中国翻译事业的贡献是多方面的,像他这样同时从事翻译实践、翻译理论和文学研究的学者并不多见。

在多年的翻译实践中,金隄先生逐渐形成了自己的一套翻译理论。1978 年在《联合国文件翻译工作简报》上发表的《论翻译的准确性》一文中,就初步显现了他的"等效翻译"理论。在他随后发表的翻译研究论文中,大体可以窥见其等效翻译理论的形成轨迹。1982 年出版的 *On Translation*(《论翻译》)和 1989 年出版的《等效翻译探索》就是金先生在翻译理论研究上的成果。他提出的等效翻译理论,是在总结我国传统译论的基础上,吸收西方现代语言学、符号学、信息论等研究成果,并在自己长期的翻译实践中逐渐摸索总结出来的。等效论不仅为翻译实践提供了一种理论指导，也为翻译理论的发展提供了一条新思路，它对于文学翻译，甚至其他一切翻译都有指导意义。等效翻译理论是中国人自己创立的，是具有独立理论体系的现代翻译理论，也是最早借鉴西方现代语言学和符号学成果的翻译理论。等效翻译理论是中国现代翻译理论园地里的一朵奇葩，其理论意义和实践指导意义毫不逊色于任何一种西方现代翻译理论，它是建设中国现代翻译理论大厦不可或缺的重要支柱。

金隄先生的译学理论大多体现在其学术论文和 *On Translation*（《论翻译》）、*Shamrock and Chopsticks*（《三叶草和筷子》）以及 *Literary Translation, Quest for Artistic Integrity*（《文学翻译：追求艺术的完整性》）等中外文翻译理论著作中。虽然这些文章和著作奠定了金先生翻译理论家的地位，但成就其著名翻译家之名的却是《尤利西斯》的翻译和研究。金隄先生不但是最早翻译《尤利西斯》的中国人（在国内最早出版了《尤利西斯》选译本和全译本），而且是中国较早全面研究和介绍乔伊斯与《尤利西斯》的学者之一；他关于《尤利西斯》的研究论文多次在 *James Joyce Quarterly*（《詹姆斯·乔伊斯季刊》）等国际刊物发表，受到世界乔伊斯研究界的认可，为乔伊斯研究作出了贡献。

由于金隄先生在文学研究和文学翻译方面的突出贡献，他于 1986 年获天津市社会科学优秀成果奖二等奖（翻译理论著作《论翻译》）；1988 年获天津市社会科学优秀成果奖一等奖（文学理论论文《西方文学的一部奇书》）；1994 年 1 月获我国台湾地区 1993 年度读书人最佳书奖（《尤利西斯》上卷）；1997 年被中国作家协会授予"鲁迅文学奖—全国优秀文学翻译彩虹奖荣誉奖"；1998 年获国家新闻出版署优秀外国文学图书奖一等奖（《尤利西斯》）；2001 年被中国译协授予"资深翻译家"荣誉称号；2005 年，为表彰金隄在外国文学翻译和乔（伊斯）学研究领域的特殊贡献，爱尔兰翻译者协会（ITIA）授予其荣誉会员称号，他也是获得这一荣誉的首位亚洲人。

（作者系天津科技大学外国语学院教授，硕士生导师）

【学人小传】

金隄(1921—2008)，浙江吴兴人，著名翻译家。毕业于西南联合大学外文系。曾任中央军委机关编译，担任英文杂志《中国建设》编辑和记者，1957年调入南开大学任教，1977年到天津外国语学院(今天津外国语大学)任教直至离休。曾担任过中国译协理事、天津市译协顾问和天津市政协委员。主要学术著作有 On Translation(《论翻译》，与美国翻译理论家奈达合著)、《等效翻译探索》、Shamrock and Chopsticks(《三叶草和筷子》)、Literary Translation，Quest for Artistic Integrity(《文学翻译：追求艺术的完整性》)等，主要译作有《中国土地——沈从文小说集》(中译英)、《女主人》(俄译中)、《绿光》(俄译中)、《赵一曼传》(中译英)、《神秘的微笑——赫胥黎中短篇小说集》(英译中)、《尤利西斯》(英译中)等。

为翻译的一生
——忆著名翻译家金隄先生

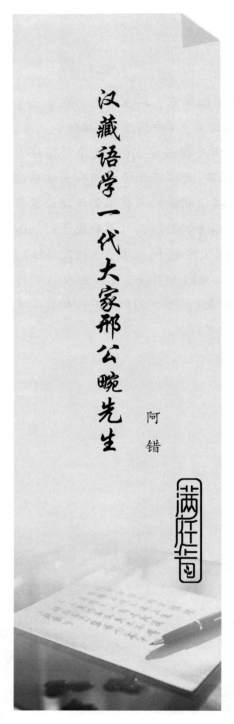

汉藏语学一代大家邢公畹先生

阿错

2024 年是著名语言学家、汉藏比较语言学大家邢公畹先生诞辰 110 周年和逝世 20 周年。他与导师——中国"非汉语语言学之父"李方桂先生在汉藏语尤其是汉台语比较研究方面的学术传承，被学界誉为"两位语言学大师的接力赛"。

1914 年 10 月 23 日，邢先生出生于安徽省安庆市。先生对故乡满含深情，在晚年的自述文章中，忆及幼时由父亲领着出安庆城东门，第一次看到长江，烟波万里，滚滚而来，气象恢宏，令他非常惊异。安庆城内建于南宋时期的双莲寺殿宇宽宏、花木清幽，也是先生幼时流连忘返的地方。早年对故乡景观的观察与省记，让邢先生认识了生长和哺育自己的故乡,形成了对故乡和祖国的山川风物、土地及人民的深沉执着的爱,成为他立志"探索宇宙间(包括人类社会)各种规律"的持久动力。

1937 年从安徽大学毕业后,邢先生考取中央研究院历史语言研究所研究生,师从著名语言学家李方桂先生,并受罗常培等先生指导,接受了历史比较语言学、汉藏语学训练,并深入西南民族地区做语言调查。

1942 年研究生毕业后,邢先生执教于西南联大中文系,同时在刚创建的南开大学边疆人文研究室工作,成为研究室及《边疆人文》刊物的创始成员。这一时期邢先生深入滇西傣族聚居区等地区调查语言,发表了一系列历史语言方面的论著。1942 年至 1943 年,他在《边疆人文》上先后发表了《远羊寨仲歌记音》《〈诗经〉"中"字倒置问题》等 9 篇学术文章;同时又与罗常培先生合作,用古音拟注唐诗,油印出版了《唐诗拟音百首》,可谓硕果累累,奠定了南开大学中国语言学科、汉藏语学科的基础。

1946 年南开大学复校天津,次年邢先生任南开大学中文系副教授,1951 年升任教授,1956 年招收汉语言方向副博士研究生。20 世纪 50 年代随着院系调整,邢先生在中文系组建了汉语侗傣语研究室,1981 年成为我国首批博士学位授予单位,这也是我国首批语言学博士点中唯一的少数民族语言学专业,是南开大学中文系的第一个博士点专业,邢先生也成为我国首批博士生导师。

南开大学至今都是国内综合大学中少有的保持强大民族语研究力量的高校,也是中国唯一拥有 80 余年民族语研究史的高校。不仅是邢先生,老一辈语言学大家如刘叔新先生、马庆株先生等,也都同时研究汉语和民族语。汉语与少数民族语言研究结合,历史研究与共时研究结合,南开大学是国际汉藏语比较研究的重镇,邢公畹先生功勋卓著。

1953 年至 1956 年,邢先生受国家委派赴苏联,先后任莫斯科东方学院教授、莫斯科大学教授,成为新中国对外汉语教育的先驱。1956 年 2 月,苏联高教部特聘他任汉学家波兹涅耶娃(Л. Д. позднеева)博士论文答辩会的首席论文评论员。

邢先生以深厚的"小学"功底,启用古老丰富的汉语文献,结合深入田

汉藏语学一代大家邢公畹先生

野调查的民族语资料,在汉藏语比较研究方面作出重大贡献。"文革"后复出,邢先生全身心投入学术研究,成绩斐然、影响巨大,先后出版《三江侗语》《红河上游傣雅语》等多种专著;还参与北大《汉藏语概论》巨著编写,负责"汉语"部分;主编了南开版独具特色的《现代汉语教程》和《语言学概论》等教材;同时发表了大量学术论文。所创立的"同源体系"——"语义学比较法",为汉藏语言研究理论与方法的发展作出重要贡献。

邢先生不但国学修养深厚,研习多种民族语文,而且通晓英文、俄文,十分留意和吸收国际前沿学术信息。早在 1947 年,他就发表了署名"Hsing ching-lan"的英文论文 *Notes on the Comparative Study of the Nung and Lu Languages in Lo-ping*(《罗平侬语和倮语比较研究札记》)。后来又从俄文翻译波兹涅耶娃著《论〈红楼梦〉》《苏联的中国文学研究》,从英文编译李方桂《侗傣语概论》等文献。1979 年,邢先生与庞秉钧等学者合译出版了乔姆斯基(N. Chomsky)的《句法结构》一书,将这部 20 世纪语言学里程碑式的著作首次译介到中国大陆。

1990 年,法国著名语言学家沙加尔(L. Sagart)首次提出汉语与南岛语同源说,邢先生十分关注,连续在《民族语文》(1991 年第 3、4、5 期)发表评述补正的文章,进而提出"汉藏泰澳语系"学说。1992 年,沙加尔发文应答

邢先生,接受先生指正多处,并进一步讨论有分歧的地方。1998 年 11 月,沙加尔专程赴天津邢先生寓所与他研讨。两位国际汉藏语大家的此番对话,后来发表在《民族语文》上。

新世纪之交,年届八旬有半的邢先生老而弥坚,学术研究更加炉火纯青,在人生最后几年发表了 20 多篇重要的学术文章。这一时期邢先生作品数量之多、质量之精令人惊叹。邢先生 90 岁高龄与癌症搏斗至病逝前,仍不断有论著发表。1999 年,85 岁的邢先生在商务印书馆出版了集毕生研究之大成的巨著《汉台语比较手册》,继承李方桂先生的汉台语比较研究,揭示了 900 余组汉语、台语音义对应"关系字",将汉台语比较研究推动到前无古人、后人难及的地步。著名语言学家王均先生在评价邢先生承续李方桂先生学术、将汉台语比较研究推向前沿时说:"这是两代语言学家、两位语言学大师的接力赛。"

1998 年至 1999 年,邢先生在美国汉藏语学家柯蔚南(W. S. Coblin)*A Sinologist's Handlist of Sino-Tibetan Lexical Comparisons*(《汉藏语词汇比较手册》)基础上,又在《民族语文》连续发表 7 篇"汉藏语系上古音同源字考"系列学术论文。后来综合整理成为《汉藏语同源词初探》,于 2001 年出版。以汉语上古 27 个韵部为线索,详尽比较辨析了覆盖汉语、侗台、苗瑶和藏缅四大语族的大量同源字组,将其毕终身之功治汉台语比较研究的成果进一步推广到全部汉藏语系语言,并以此论证"美国学者白保罗(P. K. Benedict)建立的排斥侗台苗瑶语的汉藏语系的假说不可信"。当然邢先生同时也肯定了白保罗提出的台语与南岛语有发生学关系的学说,并成为他提出"汉藏泰澳语系"学说的重要基础。

2000 年,《邢公畹语言学论文集》在商务印书馆出版,收入邢先生一生代表性的重要学术论文。2003 年《语言研究》第 1 期发表的《论"汉台苗语"调类的分化和再分化》,是邢先生生前发表的最后一篇学术论文。如今,收入先生主要论著的十卷本《邢公畹文集》也正由南开大学出版社陆续出版。

在生命的最后岁月里,邢先生已深为癌症所困,却仍不忘学术研究。仅在最后一年里,他在不断的手术与病痛之间,还撰写了两篇文章,包括重新用汉语翻译60年前在云南用国际音标记录的傣族故事《阿叶哈毫姑娘的故事》，最终在他身后发表。

有一次我和一位同学去医院探望，适逢邢先生精神略微转好，仍念念不忘与我们讨论学术问题。他对我们说："对于认定的学术理念要有执着坚定的信念，不要因为一时的困难轻易放弃。"当此之时，先生正值身患重疾，病危几在旦夕之间；斯时斯刻，国内外学界对先生的汉台语同源观念或方法也有不少质疑和批评；然而先生平静地说坚信自己的学术信念。此情此景让我们感到十分震撼。

邢先生博学多才、视野开阔，绝非迷顽固执之人。他特别强调学术要突破"境界"，常以荀子"君子之学如蜕，幡然迁之"自励，说"如蜕者，如蛇蝉之蜕也。旧之所学，如拘泥于壳内；所得日多，则破壳翻然离去，境界异矣"。他不断吸取国际学界最新信息，以深厚的"小学"功底治汉藏语历史比较，以惊人的毅力不断否定自己、开拓前进，愈老弥新，始终站在学术前沿。

人们或许会诧异，科学研究当根据客观理据，何来"信念"指引？殊不知当一个学者已经站在科学研究最前沿，面对的是人类尚未知晓的世界，恰如直面黑暗独自探索，前方并无既成的道路与光明，那么应该朝着什么方向？这时候丰厚的学养带来的科学直觉——即学术信念，正是指引先驱者开拓前进的旭日明灯。

邢先生多才多艺，爱好广泛。喜欢拉小提琴，诗词也写得好，书法被认为"不从一家而颇具赵(孟頫)风"。邢先生早年尤其擅长文学创作，17岁时就在《安徽教育》上发表了第一篇作品《春天的下午》，锋芒初现。其后在多家报刊上发表过一系列小说、散文，与沈从文、废名、萧乾、汪曾祺等同被称为"京派小说家"。1957年，天津人民出版社出版了他的小说集《红河之月》；1990年，人民文学出版社出版的《京派小说选》，选有他(署名邢楚均)的小说《棺材匠》。

"学贯古今，砚中春秋五十；薪传南北，帷下弟子三千。"1988年邢先生执教50周年之际，南开大学赠送的荣誉证书这样写道。如今先生的亲炙弟子都已独当一面，续写着先生开创的学术事业的辉煌。石锋、曾晓渝、洪波、石林、张旭、邢凯、薛才德、袁明军等都是当今语言学领域重要学者。石锋的语言格局和实验语言学系列成果,曾晓渝的汉语与侗台语历史比较和语言接触研究,洪波的汉语语法史研究等在学界有着重要影响。在南开执教的施向东尽管不是邢先生亲传弟子,但他采用和发展邢先生的同源体系比较法,在汉藏语历史比较研究方面取得杰出成就。

2004 年 7 月 7 日,邢公畹先生在天津与世长辞,终年 90 岁。先生一生以全部的身心执着地实践自己的科学信念直至最后一刻,这深令我们感动,同时给予我们以巨大的鼓舞。此生有幸聆听先生的教诲,实在是我辈终身的荣耀。

(本文原稿较长,刊出有删节。作者系南开大学中文系教授,汉藏语研究中心主任,教育部长江学者特聘教授)

【学人小传】

邢公畹(1914—2004),名庆兰,生于安徽安庆,祖籍江苏高淳。我国著名语言学家、汉藏比较语言学大师。历任西南联合大学教员,莫斯科东方学院教授,莫斯科大学教授,南开大学中文系教授、系主任。曾任中国语言学会副会长、中国音韵学研究会顾问、中国民族语言学会常务理事、天津市社会科学界联合会副主席等职务。在汉藏语研究领域有重要影响,在语言理论,古今汉语音韵、语法诸研究领域皆有学术贡献。

汉藏语学 一代大家邢公畹先生

『写大众的有血有肉的历史书』

——冯尔康先生与中国社会史研究

朱亦灵

　　社会史研究的兴起与繁荣，是 20 世纪中国史学发生的重大变革。梁启超提倡的"新史学"主张研究全体民众的历史，被视为社会史研究的发端，引起学界对民间社会生活、社会文化的关注，打破了传统中国史学独重"帝王将相"的局面。在中华人民共和国成立后的一段特殊时期，社会史研究遭到中断，改革开放后迎来复兴，有力推动了中国史学的变革与创新，也增进了公众对历史学的认知与理解，至今已蔚为大观。在这一曲折壮阔的历史进程中，冯尔康先生被海内外学界公认为新时期中国社会史研究的倡导者、引领者，为这一史学领域的复兴与繁荣作出了不可磨灭的贡献。

冯尔康先生1934年生于江苏仪征,1955年考入南开大学历史学系,1959年毕业后任系助教,师从著名史学家郑天挺先生攻读明清史专业研究生,毕业后留校执教。冯先生求学期间涉猎广泛,除在郑老指导下钻研明清史,也修习雷海宗、杨生茂等老一辈史学名家的课程,逐渐意识到饮食、服饰等生活方式在历史上的重要性,萌发对社会史研究的兴趣。他的研究生毕业论文《清代中叶江南租佃关系研究》,探讨了生产关系、地租形态等当时史学界的主流议题,也涉及下层民众的产业经营与社会生活,为日后正式转向社会史研究奠定了基础。

1978年党的十一届三中全会召开后,史学研究在改革开放的背景下走向活化与深入,与海外学界的交流也迅速展开,新的学术思潮正在酝酿。冯先生有感于历史学因过分强调阶级斗争而导致的牵强僵硬、趋附时势,又受到马克思主义史学与法国"年鉴学派"关注普通民众的影响,立志从事社会史研究。1985年,冯先生在南开大学开设"中国社会史"选修课。1986年10月,在先生发起下,南开大学历史系与《历史研究》杂志社、天津人民出

版社合作,举办了"首届中国社会史学术讨论会",被学界同仁认为"开新时期中国社会史研究之先声"。冯先生在此次会议上提交的论文《开展社会史研究》,发表于1987年《历史研究》第1期,对中国社会史的定义、研究对象与意义作出系统论说,强调社会生活在历史中的地位和作用,使历史得以丰满和形象化。他还敏锐地判断,社会史目前虽属"边缘学科",但"随着社会史研究的开展,历史学将进入一个新阶段,将出现繁荣局面"。此文是新时期学界对社会史理论首次自觉作出的探讨,引发广泛影响。冯先生在社

会史复兴时期的倡导、引领之功,于斯可见。

冯先生不仅提倡进行社会史研究,更身体力行,率先作出一系列实践和探索,成就斐然。从20世纪80年代至21世纪初的30余年间,他在中国社会史研究领域取得的学术成果,大致可归纳为以下四个方面:

第一,宗族史。冯先生早在20世纪60年代就已展开对清代宗族祠堂的研究,改革开放后持续推进,撰有《中国古代的宗族和祠堂》《中国宗族制度与谱牒编纂》《18世纪以来中国家族的现代转向》等著作与30余篇论文。他对清代宗族的考察,既重视运用嘉庆朝刑科题本等新出史料,关注宗族社会的细部状况,包括宗亲互助、财产管理、族人的宗族意识等;也对如何在整体上理解和评价历史上的宗族提出新见,即宗族自治、互助的功能有助于维系民众生存与社会稳定,宗族内部洋溢的亲情意识也有助于建设当代社会文明,应予以正面评价。不宜因循将族权视为封建主义"四权"之一的旧有思路,对其完全否定。

第二,社会生活史。冯先生长期将社会生活视为社会史的主要内容与研究重点,并以赵武灵王胡服骑射、北魏孝文帝改革与清初剃发易服为例,强调生活方式的冲突足以影响社会主要矛盾的变化。1990年,冯先生与常建华教授合撰《清人社会生活》,围绕等级、社团、宗族、家庭、娱乐、婚丧嫁娶、少数民族等议题,对清人社会生活的方方面面作出翔实论述,成为国内断代社会史研究的第一部著作。先生在清代社会史领域也撰写了多篇论文,或收入文集《顾真斋文丛》,或以通俗形式改写为《清人生活漫步》一书。又撰《古人社会生活琐谈》一书,汇集了他研习和讲授中国社会史的一些成果和心得。先生自陈研治社会史的初衷是"写大众的有血有肉的历史书",他对社会生活史的探索与这一旨趣最为接近。

第三,社会结构史。社会结构作为社会史的"骨架",也同样受到冯先生的重视。先生 1994 年主编的《中国社会结构的演变》一书,以各类社会组织与群体为线索,系统考察了先秦至近代中国的社会结构及其变迁,2019年又有《古代宗族与社会结构史》这一著作问世。他通过对中国古代社会结构的考察,认为等级制贯穿在一切生活领域,等级意识系统强烈,流传久远,社会结构与生活也受到宗法观念的渗透,反映出古人的从属关系。冯先生《中国古代农民的构成》这一篇名作,也是将等级分析方法运用于对农民群体的界定,将没有政治社会特权的平民地主也视为农民,而非笼统地称为统治阶级。

第四,社会史史料学。冯先生鉴于社会史不受传统史学重视,史料较为分散,从而提倡建设中国社会史史料学,系统发掘和利用相关史料。例如,他很早就意识到清代刑科题本对研究清代社会风貌的重要价值,自 1983 年起连续 4 年带领研究生和本科生去中国第一历史档案馆,查阅并摘录"内阁全宗·刑科题本·土地债务类"的嘉庆朝档案 32351 件,共抄出 500 余万字,从而开创性地利用刑科题本,在一系列研究中细致描摹了 18—19 世纪中国宗族与下层民众的生活实态。先生及其研究团队抄出的史料,已由南开大学杜家骥教授、常建华教授先后以《清嘉庆朝刑科题本社会史料辑刊》(2008)、《清嘉庆朝刑科题本社会史料分省辑刊》(2019)为题整理出版,贡献给了学界。昔日不分寒暑的辛勤抄录,至今业已结出硕果。

在研究工作之外,冯先生还在其他方面积极推动社会史学科的成长。在他的组织下,中国社会史学会于 1987 年成立,挂靠于南开大学。学会每两年召开一次研讨会,注重研究机构与报刊出版机构合作,共同追踪、引领各类新锐议题,至今已召开十八届。1986 年,南开大学历史系成立了中国社会史研究室,1999 年组建为南开大学中国社会史研究中心,冯先生出任中心学术委员会主任。次年,中心获评教育部人文社科重点研究基地,现已成为国内社会史研究的重镇。先生编著的《中国社会史研究概述》《中国社会史概论》等研究综述与教材,也对有志从事社会史研究的年轻学子颇有助益。

冯先生不仅是中国社会史研究的引领者,也是一代清史名家。他虽以清代社会史为主攻方向,但在清史其他传统研究领域亦卓有建树。先生1985 年所著《雍正传》,有别于将雍正帝塑造为嗜杀暴君的旧观念,充分肯定了雍正在位期间对生产关系的调整与巩固统一多民族国家的贡献。此书观点新颖、内容充实、考订精密,影响力超出学界,引起公众的关注。1999年,中央电视台播出电视剧《雍正王朝》,一时红遍大江南北,剧中雍正帝作为改革家的形象为人熟知。导演胡玫自称《雍正传》是电视剧编、导、演的重要佐证,从不离手:"看了《雍正传》,我心里的一块石头才落了地。"先生亦著有《清史史料学》《雍正继位之谜》等清史与满学著作 11 部、论文 80余篇。

2002 年,冯先生自南开大学退休,然老骥伏枥,仍不断开拓新的研究领域。近 10 年来,先生选取海外华人史、清代天主教与徽州宗族为研究重点,著述不辍。这些选题既是往年研习清史、宗族史的延伸,也源于先生对社会现实的思考,他对海外华人历史的关注即与常年旅居海外对华人社区的观察有关。先生春秋已高,却仍紧追前沿,积极探讨电子数据库在史学研究中的运用,并提倡关注现代第三产业大发展形势下人的活动史,如消费、健身、极限运动等。于此尤能感到,社会史研究萦绕着对中国历史与现实的关怀,也蕴有对大众生活的亲切理解。冯先生表示:"我理解现代史学功能,就是为社会服务为主……为大众读者服务,提供丰富多彩的妙趣横生的有益的历史知识,启示人们自觉地从历史事实中汲取智慧,提升文化素养和道德水准,接受他人失败教训,避免误入人生岔路,让生活情趣高尚、生活美满,让人生之路走得好一些、更好一些。"这番话正如他一贯的行文风格：平易精确，娓娓道来，绝不凭空高论，亦不作佶屈聱牙之语。学术常青，非止我辈后学的美好祝愿，更是对先生以九秩之龄研学不懈的诠释。

（作者系南开大学历史学院助理研究员）

【学人小传】

冯尔康，1934年生于江苏仪征，南开大学历史学系研究生毕业，南开大学荣誉教授，中国社会史学会创会会长，中国谱牒学研究会副会长。从事中国古代史教学及清史、中国社会史、宗族史、徽学、清前期天主教史、史料学研究。主要著作有《雍正传》《曹雪芹与〈红楼梦〉》《清史史料学》《中国古代的宗族与祠堂》《清代人物传记史料研究》《顾真斋文丛》《中国社会史概论》《乾嘉之际下层社会面貌——以嘉庆朝刑科题本档案史料为例》《18世纪以来中国家族的现代转向》《中国社会史研究》《清代人物三十题》《尝新集——康雍乾三帝与天主教在中国》《冯尔康文集》（10卷）；散文集有《去古人的庭院散步》《生活在清朝的人们》《砥节砺行》；主编《中国社会结构的演变》《中国宗族史》《清代宗族史料选辑》等。

科学严谨 求真务实

——忆财政经济学家王亘坚先生

武彦民

　　2024 年是著名财政经济学家王亘坚先生诞辰 101 周年，也是他辞世的第六个年头。每每回想起先生既平易近人，又疾恶如仇的人格魅力；既虚怀若谷，又绝不跟风的学术风格；既坎坷曲折，又百折不挠的人生历程，心里都会涌起无尽的思念和深深的崇敬之情。我是王先生指导的第一个硕士研究生，1985 年 1 月毕业后即留在天津财经学院（今天津财经大学）任教，在先生身边学习、工作了近 40 年，先生一生追求并践行的科学严谨、求真务实的学术品格对我的学术生涯有着极其深刻的影响。

　　王亘坚先生于 1923 年 10 月 2 日出生于河北丰润，他的青年时代正处在抗日战争时期，目睹日寇汉奸横行，民不聊生,国家积贫积弱,早早就萌生了外出求学、寻求真理的念头。1945年抗战结束后,王先生考入北平一所私立大学——中国大学经济系,开始接受正规的经济学理论训练,为日后从事财政理论教学和研究打下扎实的经济学基础。入学不久,他就冒着生命危险加入中国共产党的外围组织——民主青年联盟,并开始秘密接触一些来自解放区的马列著作和党的文件,接受了马克思主义的初步熏陶。1947年6月2日,国民党军警突袭进步学生组织,逮捕大批学生,当时的北平陷入一片白色恐怖中。王先生被迫秘密离开北平,到天津隐蔽一段时间,待局势稍有缓和,他才重返学校。次年秋天,他与部分同学一道进入解放区,后进入党中央在河北正定创办的华北大学学习,时任校长为著名革命家、教育家吴玉章先生。

　　1949年4月,华北大学迁入北平;新中国成立后,中共中央决定以华北大学为基础组建中国人民大学。1950年10月3日,中国人民大学举行开学典礼。王先生于1950年至1952年入中国人民大学研究生班学习,同时给人民大学第一期本科生授课,边学边教,在教学相长中迅速提高了自己的业务水平。1954年,刚过而立之年的王先生就担任了中国人民大学财政教研室主任,他一方面勤勤恳恳地教书育人,另一方面积极从事学术研究,在相关报刊发表文章阐释自己的观点。他勇于坚持真理,崇尚科学,不畏权威,敢于向当时的苏联专家提出自己不同的学术见解。1962年在天津财经学院的盛情相邀下,王先生调入学院,在新的教学科研岗位上辛勤耕耘,编教材、写论文,著书立说。改革开放后,王先生迎来了自己学术生涯的第二个春天。尽管此时他已年过半百,身体不再强壮、精力不再充沛,但壮心不已,他要把此前因被打成"右派"而失去的二十年时光,通过只争朝夕的方式补回来。在随后的日子里,王先生主编了《社会主义财政学》《经济大辞典·财政卷》,发表大量学术论文,开创经济杠杆理论研究新领域,发起成立全国经济杠杆理论研究会和天津市经济杠杆学会,筹建天津财经学院税收专业和国际税收专业,并担任财政系首任系主任,在天津财经学院设立了我国第一批财政学硕士点……中国传统知识分子的使命感和责任感使他不停地思考着、奔走着,一批极富真知灼见的研究成果不断问世,他也不停地在各种场合为改革发展鼓与呼。1994 年,王先生正式离休,但他离而不休,依然活跃在财政教学和研究领域,为学校发展献计献策。2018 年 8 月 7 日晚,王先生在跟病魔做了长期抗争后与世长辞,享年 95 岁。

　　回溯王先生数十年的学术生涯,他始终坚持的学术品格是真理至上、科学严谨、求真务实;他最厌恶的学术作风是华而不实、人云亦云、随声附和。凡事都应该以实际为依据,以真理为准绳。正因如此,他才能取得一系列旗帜鲜明,经得起时间检验的学术成果,从而获得财税学界广泛和长久的尊重。

　　20 世纪 50 年代,苏联兴起一种周转税"非税论"的观点,我国也有不少人士附和这种看法。1956 年,王先生在《人民税务》上发表了文章《有关实行周转税的若干原则问题——为参加"人民税务"的研究与讨论而作》,文中对这种观点做了针锋相对的驳斥,"周转税带有税收的这些一般特点:缴纳的强制性,交纳的无偿性,数额的固定性等等"。因此,"'非税论派'是毫无根据的""税收这一财政范畴在社会主义条件下的存在,是一种客观的必然,尽管有些人不承认它的存在"。需要着重指出的是,王先生在本文中不仅驳斥了"非税论"的观点,还首次归纳了税收的三个形式特征,即强制性、无偿性、固定性,该观点已被我国财税界广泛接受,在几乎所有的财政、税收教科书和工具书中被广泛引用。

　　1964 年在大连召开的全国第一次财政基础理论讨论会上,王先生提出了著名的"价值分配论"的财政本质观,并终生坚持。他的这一观点冲破了当时由苏联专家提出的居主流地位的"货币资财论",也对国内财政学界多数人主张的"国家分配论"提出了挑战。他认为,财政现象是国家对价值的分配,财政现象的本质是国家分配价值所发生的分配关系。时至今日,尽管各种财政本质观纷纷涌现,但王先生的"价值分配论"依然占据一席之地。

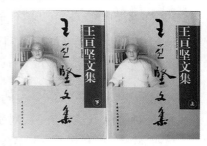

改革开放以后,王先生特别专注于经济杠杆理论的探索,并对经济杠杆的根本依据——物质利益规律进行了开创性研究。他连续发表了《初论物质利益规律》和《再论物质利益规律》两篇论文,指出"物质利益规律就是人们为生存、为延续发展和为不断提高生活水平而关心和争取物质利益的客观必然性""物质利益规律不但在人类社会始终存在,而且是一条比任何其他经济规律都更为根本的经济规律"。在物质利益规律的基础上,王先生结合市场经济国家经济发展的规律和我国经济体制改革的实际,对经济杠杆理论进行了开创性研究。他在 1983 年第 3 期《财政研究》上发表了《论经济杠杆》一文。1984年 1 月和 1985 年 1 月,他在《天津社会科学》上先后发表《税收是最重要的经济杠杆》和《有关经济杠杆的若干理论问题》两篇文章。1986 年初,他率先提出应当建立一门经济杠杆学。1987 年,王先生带领研究生撰写并出版了我国第一部系统论述经济杠杆理论问题的专著《经济杠杆论》(新华出版社 1987 年 5 月出版)。在他的大力推动下,我国在 1985 年成立了中国经济杠杆理论研究会,王先生担任副总干事;1988 年,他又力推成立了我国第一个省级经济杠杆理论研究机构——天津市经济杠杆学会,并出任首任会长。在学术界,王先生是公认的经济杠杆理论奠基人,是我国经济杠杆理论研究的人格化代表,财税学界都称他为"王杠杆"或"杠杆王"。

在财税研究的其他领域,王先生也作出了自己的贡献。他揭示了我国财政运行的五大规律,即财政分配的物质利益规律、财政分配的按比例规律、财政形式一定要适合财政内容要求的规律、财政与经济相互作用的规律、财政与上层建筑相互作用的规律;他较早提出将传统的"国家税收"课程一分为三,即税收学、中国税制、税务管理;他提出宏观调控理论体系的新构想——国家宏观调控理论体系包括八个要素,即目标、政策、依据、对象、手段、杠杆、条件和配合;他较早提出税收总政策的概念,并归纳出我国税收工作的六大基本矛盾及相应的六条应对原则等。

与许多著作等身的学者不同,王先生撰写出版的著述似乎不是太多,但是,他的研究成果几乎都是他科学设想、小心求证的结晶。他认为,科学研究贵在创新,著书立说是极为严肃的事,没有独立见解的文章,没有创新价值的文章,没有考虑成熟的文章,写不如不写,发表不如不发表,这样的所谓"成果",对自己是滥竽充数,对别人是误人子弟。正因为王先生将"真理至上,科学严谨,求真务实"作为终生追求的学术准则,他的许多成果都经受住了历史的检验。

凡是与王先生接触比较多的人都有这样的体会:先生处世态度十分认真,观察问题一针见血,语言表达直截了当,真所谓"眼里不揉沙子"。在交谈中,如果他认为你的说法不对,或你做错了什么事情,他会当面批评你,有时候会让你觉得无地自容,下不来台。但接受批评的人也知道,他的性格就是这样率真、耿直、坦荡、无私,他批评你,是因为你还有批评的必要,还有进步的可能;反之,如果他觉得你"不可救药",也就不再批评你,而是将你"束之高阁"了。生活中的王先生,为人光明磊落、做事严肃认真、谈吐逻辑严谨,堪称纯粹而透明的学者。

王先生的品性在他对社会生活的观察和研究中也表露无遗。对现实生活中存在的丑恶现象,他往往怒不可遏,拍案而起;对了解到的普通人命运的坎坷与曲折,他会长吁短叹,牵肠挂肚;对有些不负责任、轻描淡写、态度暧昧的表态,他会心急火燎,有时会和老朋友争得面红耳赤;而对朋友、同事、学生的求助,他会义无反顾,热情相帮。因为他爱憎分明的个性,许多老前辈成了他的挚友,许多年轻同志成了他的忘年交。

王先生离开我们后,每当翻阅收入他大部分研究成果的《王亘坚文集》,参加关于他的学术思想和育人理念的学术研讨会,撰写关于他生平和学术贡献的回忆性文章,浏览与先生在不同时期、不同场合的合影照片,我的心里都会泛起久久的怀念之情。我相信,我们后辈学人一定会将王先生的学术品格和做人理念发扬光大,这也是对先生最好的纪念。

(作者系天津财经大学财政系原主任、经济学院原院长,教授,博士生导师)

【学人小传】

王亘坚(1923—2018),河北丰润人,天津财经大学经济学院教授,我国经济杠杆学科的奠基人,经济杠杆理论和财政价值分配论的创立者,税收"三性"的最早提出者。长期从事财政、税收方面的教学科研工作,揭示国家财政运行五大规律,发现并坚持物质利益规律,提出国家宏观调控理论体系新构想,创设税收科学新的学科体系,培养了一大批财税专业人才。著有《财政、税收与宏观调控》,主编《经济杠杆论》《财政学概论》《税收学》等。曾兼任中国财政学会常务理事、中国税务学会常务理事、中国经济杠杆研究会副总干事、天津市财政学会会长等。国务院政府特殊津贴获得者,2017年获"中国财政理论研究终身成就奖"。

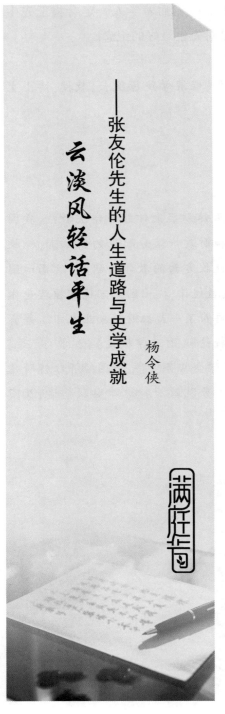

云淡风轻话平生

——张友伦先生的人生道路与史学成就

杨令侠

"云淡风轻"一般用来描述一个人沉静而淡然处世的生活态度和价值观，用来形容张友伦先生也很贴切。张先生自然流露出的这种气质，实际上是经过风驰云卷的荡涤与承艰负重的修炼而成的。

张友伦先生于20世纪50年代中期留学苏联，60年代初回国后一直在南开大学历史系工作，直至退休。20世纪八九十年代，他几度赴美国访问研究，在国际共运史和美国史两个领域都卓有建树。他的人生道路和学术生涯见证了中国世界史学科的兴起与发展。同时，在中国的世界近现代史研究领域，尤其是美国史学界，张先生在学术研究、梯队建设和学科谋划等方面作出了卓越贡献,推动了中国世界史研究的纵深发展;他指导过硕博研究生共计30余位,其中许多已经成长为中国世界史学界的栋梁之材和骨干力量,张先生堪称"中国美国史学界老一代和新一代史学家的桥梁"。

1931年5月,张友伦先生出生在四川省成都市一个殷实的家庭,初、高中就读于蜀华中学,打下了扎实的国学基础。张先生不是一个乐于享受安逸的人,恰恰相反,他还自讨"苦"吃,坚定地把握机会,在人生道路的关键时期作出明智的决策;在学术道路上选择迎难而上,并取得了杰出的成就。

张友伦先生在回忆他的童年和青少年时期时坦诚说道,家境比较宽裕的孩子,在旧社会大染缸里很容易失足,成为浪荡子弟;他也曾在歧路前徘徊,幸亏有私塾杨老师指点迷津,才没有误入歧途。这位私塾先生除了让他念"四书"外,还让他熟读《座右铭》和《陋室铭》。到了青年时期,他体会到,这两文提倡的宽厚待人、为人低调、安贫乐道、不追求虚荣与享受等做人原则很有道理,并愿意将之奉为今后行为的准则,行之以恒。这段学习与自悟的经历,塑成了青年张友伦淡泊名利、心态平和、沉着冷静的思维方式。

"第二次为我指点迷津的不是个人,而是中国共产党",张友伦先生曾说,"1950年底我在成都专科会计学校毕业,在校等候分配,最担心的就是不给我工作。我出身地主家庭,而且有一次政治考试不及格。"不想,张先生当时因成绩优秀被分配到西南军政委员会文教部。"我顿时欣喜若狂,觉得党和国家没有抛弃我,是再造我的大恩人。我曾经有过的自暴自弃的想法一扫而光。我开始走上了正道。"1953年,张友伦先生入党后,又以优异成绩通过留学苏联的考试,到了列宁格勒大学(即圣彼得堡国立大学)学习外国历史。原本学会计的他改学历史,且没有俄语基础,但凭借刻苦勤奋的钻研精神和"没有星期日,只有星期七"的拼搏劲头,张先生慢慢攻克难关,学有所成。

与张友伦先生共事过的人都知道,他一贯不喜欢表现自己,言语不多,但言出必行,他那朴实淡定的形象,折射出来的是平日里的韬光养晦和勤奋刻苦。

20 世纪 60 年代初从苏联学成回国后,张友伦先生先后在南开大学国际共运史教研室和历史系世界近现代史教研室工作,1977 年调入美国史研究室,从世界通史到地区国别史,语种和专业内容均发生了非常大的改变,没有三四年的时间是很难适应的。作为一名党员,张友伦先生服从组织分配,没有任何抱怨与牢骚。俗话说"四十不学艺",当时张先生已经 46 岁了,英语零基础,克服语言关也是摆在面前的一大难题。但仅用了两年时间,他就成功地调整了专业方向,英语水平也有了巨大进步,具备了在美国史研究室从事教学和科研的资格。这是一种何等强大的心理素质和专业雄心!

1986 年至 1990 年,张友伦先生出任南开大学历史研究所所长,其间他对美国史学科的发展倾注了很大心力。有一段时期,老教师陆续退休,年轻教师尚待成长,美国史研究室一度陷入低谷,张友伦先生殚精竭虑,一心要保南开的美国史学科于不坠,并在困境中求得发展壮大。尤其在鼓励和扶持年轻人成长方面,张先生用力最多,许多事迹在南开至今有口皆碑。作为承上启下的学术带头人,张先生在南开美国史学科发展的关键时期扮演了关键角色。

张友伦先生曾担任中国美国史研究会理事长达十年之久(1986 年至 1996 年,现为研究会顾问)。这个学术团体创建于改革开放初期,一直是中国美国史学人共有的学术平台,对美国史研究和教学都起了很大的推动作用。在老一代学者退出研究会领导岗位之后,张友伦先生担负起了承上启下的重任。那十年间,研究会处在一个难题层出不穷的时期,特别是1990年研究会秘书处搬到南开大学以后,张友伦先生身上的担子变得更重。按照本意,他早就想从理事长的位子退下来,但出于工作需要和大家的信任,他一直勉力支持,领导研究会渡过难关,并且取得了新的成绩。此外,张先生多年来一直参与中华美国学会"美国学丛书"的评审工作,多次担任富布赖特项目的面试专家,以不同的身份,为中国美国史学科的发展做着相同的工作。

张友伦先生的学术著作,也体现了他的研究方向与卓越成就。在学术生涯的最初二十年,他重点研究国际共运史,20世纪六七十年代,商务印书馆出版了一套"外国历史小丛书",其中《共产主义者同盟》(1971年)、《第一国际》(1971年)和《第二国际》(1972年)就是张友伦先生撰写的,彼时他还承担着繁重的世界近现代史的教学工作,但在繁忙的教学之余,张先生仍专注写作、笔耕不辍,成果显著。1977年转治美国史后,张先生的学术兴趣集中在美国工人运动史。2022年由天津人民出版社出版的丛书"张友伦文集",由《美国工人运动史:1607—1918》《当代美国社会运动和美国工人阶级》《美国农业革命与工业革命》《美国西进运动探要》《张友伦史论集》五卷组成,收录张先生所著的多部学术著作及40余篇学术论文,是他治学精粹的汇聚。这一文集的编辑与出版,对于系统梳理张友伦先生著述及中国美国史和国际共产主义运动史的早期研究情况,了解新中国成立以来中国世界史学科的发展历程以及推动中国美国史研究的发展具有重要意义。

前几年,张友伦先生的两位弟子李剑鸣和原祖杰,将先生的口述整理成自传体回忆录《云淡风轻话平生》(商务印书馆2020年出版)。全书分为"早年生活""留学苏联""南开岁月""赴美访学""学术生涯"五部分,涵盖张先生近90年的人生经历。对于深入了解张先生和他同时代的历史学者,提供了一个具体切实的样本。

作为张友伦先生的博士生,我曾有幸领略过先生授课的风采。他上课不用讲稿,不仅能够脱口讲出历史事实的具体年月日,而且能记住一连串的数字。每次下课铃一响,准是他的最后一句话,一秒钟都不拖堂。对待学生他既严谨又宽厚。如今,九十余高龄的张友伦先生享受着云暖风轻的晚年生活。2020年5月先生生日之际,我曾赋打油诗一首,今惶怯献上,作为本文的结束语:

风轻云淡笔耕勤,顶天立地炳功勋。五月鲜花送吾师,九旬华诞隐重銎。

(作者系南开大学历史学院教授)

【学人小传】

张友伦,1931年生,四川成都人,我国著名美国史、世界近现代史和国际共产主义运动史学家。曾任南开大学历史研究所所长、美国史研究室主任、校学术委员会委员,长期担任教育部人文社科重点研究基地南开大学世界近现代史研究中心学术顾问、教育部国别与区域研究(备案)基地南开大学美国研究中心学术顾问,主要学术兼职有中国美国史研究会理事长及顾问、中华美国学会常务理事、《美国研究》编委等。撰写和主编的学术著作、教材和工具书20余种,在国内外重要学术刊物上发表数十篇论文。曾参与历史知识的普及工作,编写的《共产主义者同盟》《第一国际》《第二国际》等通俗历史读物行销百万册。著有《张友伦文集(五卷本)》。

"教外别传" 与 "架桥铺路"
——史学史大家杨翼骧先生的志业与遗产

朱洪斌

  1921 年 9 月，"史界革命" 的巨擘梁启超应校长张伯苓之邀，为南开大学学子讲授 "中国文化史"，为时一学期。讲稿于次年结集出版，定名为《中国历史研究法》。这部书稿与 1926 年至 1927 年他在清华开讲的 "补编"，共同构成了梁氏史学思想的集大成之作。梁启超以改造中国旧史学和重写中国历史为史学革命的主旋律，犹如一声惊雷乍起，震动五四时期的史坛。史学史学科之形成，一般以梁启超的这两部名著为标志，他当之无愧地成为中国史学史学科的奠基人。杨翼骧先生早年被《中国历史研究法》及《补编》的魅力所折服，在北京大学和西南联大求学之际，又受知于姚从吾、郑天挺、向达等史学前辈，坚定了毕生从事中国史学史研究的志向。1953 年他调往南开大学历史学系，在中国史学史领域辛勤耕耘五十载，呕心沥血地阐扬梁启超的创造性构想，成为 20 世纪后半叶史学理论及史学史学科杰出的开拓者之一。

  杨翼骧先生，字子昂，1918 年出生于山东省金乡县的一个书香门第。金乡杨氏在清代出过十名进士，其祖、父辈大都从事教育事业，在当地颇有声望。他幼年随侍祖父，诵读《三字经》《百家姓》《千字文》《唐诗三百首》

165

等蒙学读物。进入小学以后,在父亲严厉的督导下,背诵"四书"《诗经》《左传》《古文观止》等古代经典,打下了深厚的国学根基。读初二时,除涉猎古典小说外,他还热爱五四新文学,迷恋于鲁迅、郭沫若、郁达夫、茅盾、巴金、老舍等大家的文学作品。高中阶段,他向《山东民国时报》《山东日报》的文艺副刊投寄散文、诗歌,竟然全数发表,作家的梦想在青春的心灵里萌芽。

　　1936年,杨翼骧先生毕业于山东省立济南高级中学,考入北京大学文学院史学系。1937年全国抗战爆发,他返乡过暑假,未能及时随校南迁。1938年初,日寇侵占山东,他不顾艰险,告别家乡父老,只身南下,开始辗转千里的复学行程。他经徐州、武汉抵达长沙,而北大、清华、南开组成的长沙临时大学已迁往昆明,更名为"西南联合大学"。于是杨先生不得不继续前行,途经衡阳、桂林、柳州等地,一路上贫病交加,备尝艰辛。1938年冬,他抵达南宁,一时陷于绝境,经友人介绍,来到崇善县的湘桂铁路工程第三段担任抄写公文的职员。在工作之余,他向当地图书馆借阅梁启超的著述,梁氏首倡的中国史学史像磁石一样,让年方二十的杨先生心动不已,暗下决心,决意以史学史为终身志业。他研读《史通》《文史通义》,选读"前四史"、《资治通鉴》和《四库全书总目提要》的史部。经过七八个月的昼夜苦读,收获颇丰,撰写了近10万字的读书笔记。1939年9月,在失学整整两年以后,杨先生终于抵达昆明,进入西南联大历史系,完成了个人生命中刻骨铭心的复学之路。

　　当时西南联大历史系会聚了一批著名史学家,包括姚从吾、毛准、郑天挺、向达、钱穆(以上属北大)、刘崇鋐、雷海宗、陈寅恪、噶邦福、王信忠、邵循正、张荫麟(以上属清华)、皮名举、蔡维藩(属南开)、吴晗(属联大)等。他们不惧恶劣的战时环境,以刚毅卓绝的民族气节推进中国现代史学的发展,哺育了一大批史学界的后起之秀。在抗战艰苦的岁月中,杨翼骧先生失去家庭的经济支持,常常忍饥挨饿,总是穿着一双"空前绝后,脚踏实地"的鞋子。"空前",是前面露着脚趾;"绝后",是后面露着脚跟;"脚踏实地"是鞋底破了洞,脚底直接踩着地面。为了维持生计,他不得不四处勤工俭学。1940年,蒙元史专家姚从吾首次讲授"中国史学史",杨翼骧先生将所作《晋代之史学》呈送审阅,获得姚先生极大的鼓励。

1942年,在明清史名家郑天挺的指导下,杨翼骧先生完成本科毕业论文《论曹操统一中原》。大学毕业后,经姚从吾介绍,前往中央图书馆工作。次年,重返联大历史系,担任北大史学系助教。1946年,他随北大复员返回北平。1947年至1948年,他陆续发表《司马迁记事求真的方法与精神》《班固的史才》《三国时代的

史学》等专题论文,在史学界开始崭露头角。1949年9月,在郑天挺、向达的支持下,他接续姚从吾在北大讲授"中国史学史",讲授的内容从上古一直到新中国成立前夕,完成了一部贯通古今的史学史讲稿。

1952年全国高校院系调整之际,北大史学系原主任郑天挺、清华历史系原主任雷海宗联袂赴津,转任南开大学历史学系主任和世界史教研室主任。吴廷璆、谢国桢、杨志玖、王玉哲、黎国彬、杨生茂、辜燮高、杨翼骧、魏宏运、来新夏等中青年史家云集景从,南开史学走入崛起辉煌的时代,一时有"小西南联大"的戏称。杨翼骧先生调入南开以后,历任副教授、教授、历史学系副主任、古籍研究所所长。1985年被国务院学位委员会批准为史学史专业的博士生导师,成为当时该专业在全国仅有的4名博导之一。其重要著述有《秦汉史纲要》《中国史学史资料编年》(三册)、《杨翼骧先生中国史学史手稿存真》《杨翼骧中国史学史讲义》《学忍堂文集》和《杨翼骧文集》。

167

他与华东师范大学吴泽先生共同主编的《中国历史大辞典·史学史卷》，是中国第一部史学史学科的辞书。多卷本的《中国史学史资料编年》是 20 世纪中国史学的不朽名作，被中外学界誉为"披沙拣金，嘉惠后学，其功大矣"。此外，杨先生关于裴松之、刘知幾以及奴隶社会、魏晋南北朝史学的研究论文，早已成为中国史学史领域的经典之作。

《中国史学史资料编年》把中国古代史家的人生经历、历史著作以及不同时代的社会政治、学术思想背景，以年代和基本史料贯穿起来，名为"编年"，实已具备"史学史"的雏形，它为研究者勾画出一个全景式的中国史学演进之脉络。全书取材浩繁，除历代正史以外，还包括编年史、纪事本末体史、典制史、杂史、别史、笔记、目录学著作、文集、总集、类书、族谱、年谱、方志等古代文献，以及近现代海内外学人的研究成果。杨翼骧先生以现代史学意识总揽中国古典史学之演进，借助于丰富而系统的原始资料，全面地揭示各个时代的史官建制、修史活动、体裁演变、著作撰写、史学思想和历史思想。史料的选取和排比，恪守"辨章学术，考镜源流"的传统；史事的辨正和别裁，于朴实中透出精深的学术功力。该书不仅可以作为初学者的入门阶梯，同时也是专业学者拓展研究的可靠导引。

20 世纪初叶的中国知识精英，因对晚清国势不振的激愤，从对现实政治的激烈批判，走向对中国传统的制度、思想和文化的全面否定，于是流行一种看法：二十四史是帝王的家谱。这其实是比较片面的认识，究其根源，乃是现实焦虑的投射和放大，这使中国古典史学蒙上不应有的"原罪"，沦为"史界革命"率先打倒的对象。中国古代历史记载的可靠性、真实性，在相当长的时间内遭到主流思想的质疑和否认。事实上，中国不仅有悠久灿烂的古代文明，也有源远流长的历史编纂传统。中国史学发展之连续性、史学遗产之丰富性，在世界各国中罕有其匹。梁启超在《中国历史研究法》中有一句著名的论断："中国于各种学问中，惟史学为最发达；史学在世界各国中，惟中国为最发达。"杨翼骧先生坚定地认为：中国的史学家不仅要认识中国的历史，还要认识中国的历史学。中国具有丰富的史学遗产（包括史学理论的遗产），研究中国史学史是批判地继承这份文化遗产，以光大今后的史学研究,同时弥补其缺陷与不足,充实和发展未来的历史学。

　　杨翼骧先生长期在北京大学、南开大学讲授"中国通史""中国史学史"
"秦汉魏晋南北朝史""秦汉史专题研究""中国历史文选""中国史学名著
选读""中国史学史专题"等课程。他一向主张"治学先学做人""治学的目
的是做一个有文化素养、品德高尚的人",所培养的 10 余位硕博研究生,大
都学有专长,不少人已经成为中国史学史学科的著名学者。晚年回首前尘,
杨先生不无感慨地说道:"我从'八九点钟的太阳'就爱好中国史学史,到了
'日落西山',终于见到了这门学科的壮观胜景,真是感慨万千,深为庆幸,
内心激动不已!"作为中国史学遗产的发掘者、探索者,杨翼骧先生的志业
和创获注定会成为激励后来者不懈进取的学术典范。

　　(作者系南开大学历史学院副教授)

【学人小传】

　　杨翼骧(1918—2003),字子昂,山东金乡人。1936 年考取北京大学史
学系,1942 年毕业于西南联合大学(北京大学)历史系并留校任教。1953
年到南开大学工作,历任副教授、教授、系副主任。1982 年筹建南开大学古
籍整理研究所,任所长。从事中国古代史、中国史学史教学与研究。与吴泽
先生共同主编的《中国历史大辞典·史学史卷》,是中国第一部史学史学科
的辞书;编纂多卷本《中国史学史资料编年》,建立起完整系统的中国史学
史资料体系;发表多篇学术论文,另有《秦汉史纲要》《学忍堂文集》《杨翼骧
文集》等著作。

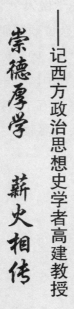

崇德厚学　薪火相传

——记西方政治思想史学者高建教授

乔贵平

高建教授是天津师范大学政治与行政学院第一任院长，刚刚过去的 2024 年是他从教 50 年，也是光荣在党 50 年。自留教母校，高老师就继承徐大同先生衣钵，扎根在教书育人一线，从事教学、科研和管理工作。50 余年深耕细耘，他把教学作为最神圣的职责，把科研当作学术创新的路径，把管理当作提高团队凝聚力的催化剂，把学科发展视为毕生的学术使命。秉持这样的理念，高老师执着前行，不断取得卓越的学术成就。

高老师为人至真至诚，是光启后学的领路者。作为他的学生，缘定西方政治思想史，亲受他的教诲，是我最为珍视的机缘。2001 年秋季，我开始考研复习，但有一本关于西方现代政治思潮的专业教材《20世纪西方政治思潮》,却怎么也买不到。我找遍学校的图书馆和所在城市的书店,还是一无所获。万般无奈之下,我就想到给天津师范大学政法学院打电话。也记不清是打到哪个办公室了,只记得接电话的老师听完我絮絮叨叨的描述后,告诉我,"高老师现在正好在,你问问他吧"。这时电话那边传来一个温暖的声音。我语无伦次地报出姓名和学校,并表示怎么也买不到那本教材。高老师缓缓地说道:"你告我地址,我给你邮寄一本吧!"那份温暖仿佛顺着电话线传播过来,直达我身上。就这样,我和高老师的相遇是未见其面、先闻其声。但是,拜入师门的"种子"已深埋。我正是在此机缘之下开始了以西方政治思想史为业的求学之路。

考研成绩出来,我总分名列前茅,遗憾的是英语单科成绩低,只能调剂到其他高校。高老师鼓励我说,以后考博还有机会。就这样,硕士研究生毕业后我终于如愿以偿成为高老师的学生,成为一个畅游在西方政治思想史研究领域的学子。高老师对后学的激励与指引数不胜数,我可能只是其中微不足道的一个。我是在日后的学术成长中才体悟到,对每一位立志于西方政治思想史学习与研究的人,高老师都是至真至诚、全力相助。后来工作调动到天津师大政治与行政学院,在老师身边工作,我更加深刻地体会到,推进与引领西方政治思想史学科的创新发展,是天津师大一代代政治与行政学院人责任与担当的传承。

高老师是天津师大政治与行政学院学科发展的先行者。天津师大的政治学理论专业创建于1982年。作为老师的博士生,我有幸见证了天津师大政治学学科的成长。2003年,天津师大按照新定位调整结构,成立政治与行政学院,高老师出任院长。作为学校政治学学科的领路人,高老师带领全院在学科建设、专业建设和人才建设上倾尽心力,推动政治学学科迈向国家一流学科。他特别强调,在学科建设过程中,要坚持正确的政治方向、坚持研究西方是为了更好地服务于中国的政治和社会发展;方向对了,路才能走好。正因如此,中外政治思想史与中西政治文化比较研究成为天津师大政治学学科的鲜明特色和独特优势,学院也成为国内西方政治思想史研究的重镇。

在高老师任院长期间,学院先后取得公共管理专业硕士学位授权点、政治学一级学科博士后科研流动站、政治学一级学科博士学位授权点,政治学理论成为国家重点学科。在此基础上,政治学一级学科又先后拓展增设了中共党史、国际政治、中外政治制度等二级学科,完善了政治学学科的结构和布局,使天津师大政治学学科跻身国内一流学科行列,学院也成为国内政治学人才培养的基地。

高老师崇德厚学,是育人不倦的践行者。在我博士求学期间,天津师大政治与行政学院名师云集,西方政治思想史研究团队由徐大同先生挂帅、高老师领衔,同学们都为能来此政治学理论研究重镇学习而感到幸运和自豪。在老师们的带领下,我们精读了一系列马克思主义和西方政治思想史经典著作,打下了扎实的理论功底。回忆高老师当年给我们上课时的情景,仿如昨日所见。他讲课娓娓道来,思路敏捷,对思想家的介绍阐述精准深刻,又加之授人以渔的启发式教学,尽显大家风采。同时,他深谙教学的基本逻辑,十分重视在教学中激发学生的学习兴趣、养成厚实的理论素养和培养治学的基本功,使学生们在潜移默化中形成良好的科研习惯,培养了一大批学术新人。

在课堂外,高老师是一位令学生敬仰、同行敬佩、同仁敬尊的仁者之师。对学生而言,他是一位谦逊温和的长者兼挚友,慈爱有加,威严有度,秉持并传承徐大同先生"教学问、教做学问、教做人"的理念，循循善诱地教导学生，把教书育人视为一项崇高的事业，对学生真挚的爱、殷切的期望始终如一地贯穿于他的言传身教中。高老师不仅关心、关爱学生，而且还十分关注、关照年轻教师的成长和发展，为国内政治学领域培养了一批教学和科研的中坚力量。高老师为人正直，学识渊博，被政治学界誉为具有人格魅力的学者，"有困难找高建"成为学界同仁的口头禅。这种宽厚的慈善仁爱之心和无限的真诚，正是高老师传授给后学最宝贵的"修身课"。

高老师是著名政治学家徐大同先生招收的第一个硕士研究生，也属于国内最早一批政治学专业的硕士研究生。从 20 世纪 80 年代起，他就潜心于西方政治思想史的学术研究，与徐先生接力跑出学术传承的佳话。1978年，高老师开始跟随徐先生进行学术研究，两人既是师生也是挚友。从 1985 年"教育部高等学校文科教材编选规划教材"《西方政治思想史》，到 2000 年"面向 21 世纪课程教材"《西方政治思想史》，再到《当代西方政治思潮：20 世纪 70 年代以来》，高老师都是主要组织者、不挂名的第一副主编。作为首席专家之一，高老师和徐大同先生共同主持了"马克思主义理论研究和建设工程"重点教材《西方政治思想史》的编写，并主持了该教材第二版的修订工作，为西方政治思想史学科建设和教材完善作出重要贡献。1997 年，由徐大同先生和高老师主编的《中西传统政治文化比较研究》出版，成为该研究领域的拓荒之作。

多年来，高老师一直谨记徐先生的教诲，坚守笃行"为中国研究西方"的初心与使命，专注从事西方政治思想史的教学与研究，学术成就卓著；他在教学和研究方面的成绩获得社会普遍赞许和褒奖——国务院政府特殊津贴专家、中国政治学会副会长、中国政治学会学术委员会副主任、中共中央马克思主义理论研究与建设工程首席专家、天津市劳动模范等。这一个个称号和荣誉的授予正是对高老师几十年如一日辛劳耕耘的认可与勉励。

（作者系天津师范大学政治与行政学院教授）

崇德厚学　薪火相传
——记西方政治思想史学者高建教授

【学人小传】

高建,1947 年生,河北唐山人,教授、博士生导师,国务院政府特殊津贴专家,中国政治学会原副会长,天津师范大学政治与行政学院原院长,现任天津师范大学政治文化与政治文明建设研究院院长。主要研究方向为政治学理论、西方政治思想史。出版专著、教材6 部,文集6 部,在《政治学研究》《文史哲》等重要学术刊物上发表论文 20 余篇。主持完成国家社科基金项目、省部级项目多项。先后获教育部人文社会科学优秀成果教材二等奖,天津市哲学社会科学优秀成果奖一等奖、二等奖、三等奖各一项,天津市优秀教学成果一等奖(第二名)。

勤奋刻苦、淡泊名利的明史学家
——记南开大学资深教授南炳文先生

何孝荣

　　耄耋之年的南开大学资深教授南炳文先
生老当益壮,如今依然每天前往办公室,从事
十几个小时的明史研究工作,熟悉先生的人
无不被他勤奋刻苦、淡泊名利、平易近人的精
神品格所感动。

　　南炳文先生 1942 年出生于河北省农村
一个小知识分子家庭,1961 年高中毕业后考
入南开大学历史系。当时南开历史系师资力
量雄厚,郑天挺、吴廷璆、王玉哲、杨志玖、杨
翼骧、杨生茂等著名史学家都在这里执教。

年轻的南炳文先生如饥似渴地学习各门功课,课余不断向各位老师请教,并
在他们的指引下逐渐走上历史研究之路。大学毕业后,南先生于 1968 年被
分配到中国科学院哲学社会科学部(即今中国社会科学院)工作,1971 年初
调回母校历史系。其后,他又被借调到中国历史博物馆,参与修订《中国通
史》明代部分陈列大纲和目录。1974 年,他回到南开大学,先后在历史系、
历史研究所、历史学院工作,担任教授、博士生导师、资深教授。

　　早在进入南开大学历史系学习之初,受到系主任郑天挺先生影响,南先
生就选定明清史作为自己的研究方向。60 多年来,他严谨勤奋治学,著作
等身,尤其在明史研究领域作出重大贡献,先后出版《明史》(上、下册,合

175

著)、《南明史》《20世纪中国明史研究回顾》《清史》（上、下册，合编）、《明清史蠡测》《明清考史录》《明史新探》《明史续探》《明史学步文选》《辑校万历起居注》（合校）、《校正泰昌天启起居注》等30余种著作。其中，百余万字的《明史》（上、下册）作为首部以唯物史观为指导的明代断代史巨著，先后获得天津市社科优秀成果一等奖、全国高校社科优秀成果二等奖，在学术界具有极大影响，该书及南先生作为主编之一的《清史》（上、下册）收入上海人民出版社"断代史"系列丛书，多次再版、重印；《辑校万历起居注》《校正泰昌天启起居注》均获得全国古籍整理优秀图书一等奖。南先生目前担任国家重大文化工程"二十四史修订工程"之子项目《明史》修订主持人，以及国家社科基金重大项目"《明实录》整理与研究"首席专家，致力于明史基本资料的整理工作。

南先生教书育人，诲人不倦，也硕果累累。他先后指导硕士生、博士生、博士后和国内外进修教师总共百余人，其中一些人进入政府机关和企业工作，大多数则供职于高等学校和科研院所，更有许多已成为所在单位的学术

骨干和学术带头人,充实和推动了海内外明史研究。2008年全国百篇优秀博士论文中明史类论文只有一篇,其作者即为南先生指导的博士生。南先生为中国明史学科体系的形成与发展作出卓越贡献,是改革开放后明史学科繁荣发展的重要奠基人之一,南开大学也由此成为中国明史研究和教学的重镇。

南炳文先生能取得这样的成就,与他长期以来持之以恒的勤奋刻苦密不可分。在一篇访谈中,南先生曾回忆说:"从上小学到大学毕业,17年的读书经历使我逐渐感到,家长的供养、新中国创造的教育环境使我获得了学习深造的机会,我应该认真读书,以报其恩,不辜负他们的期望。"他的性格原本很活泼,从小爱唱歌,中学时曾是班级歌唱比赛的指挥。但进了大学,他决心从事明清史研究后,就决定告别这一爱好,"会占用时间的呀,我要集中精力搞历史"。工作以后,除了有会议或者出差,他每天都风雨无阻地骑着自行车到办公室,上午、下午和晚上三个"单元"全天候地在那里读书、做研究。即使是春节假期,他也只有大年初一在家里休息一天,大年初二又会准时前往办公室。我们在日常学习中如果遇到问题需要向南先生请教,一般就直奔他的办公室,极少有扑空的时候。一到晚上,他办公室的灯光从窗口透射出来,随着夜色愈深,愈显得明亮。"不干活,我总觉得心里'没局',这是我们老家话,就是心里没着落的意思。"他打趣说自己是个书呆子,"笨得要命,只好一门心思趴在这里干,就像有了个吃好东西的机会,就慢慢吃,吃得甜滋滋的就是了。"有学生在写南开学风的文章时,描述过一辆被修了又修的破旧自行车,人们日复一日地在范孙楼前的小广场看见它,就知道它的主人南炳文先生又在楼上办公室里读书著述。

南先生淡泊名利,大力提携同事和后学。在他与汤纲先生合著《明史》的过程中,有段署名互让的学界佳话广为流传。1979年,南先生和汤先生接受上海人民出版社约稿,撰写断代史《明史》,分工是明朝前期由汤先生起草,中后期由南先生起草,最后由南先生统稿。因此,书稿的作者署名是南先生在前,汤先生在后。1985年,《明史》上册出版前,南先生收到清样后,马上联系出版社,要求将汤先生改署为第一作者,自己为第二作者。出版社编辑大为不解,说您承担了此书的主要撰写工作,本应署名在前,但南先生坚持要改,说汤先生是前辈,而且职称晋升问题尚未解决,因此作者署名须改为汤前南后。《明史》上册出版后,参加天津市社会科学优秀成果奖评奖,汤先生遂给评奖委员会写信,要求如果评上,奖状一定要将南先生名字放在前面。到1991年《明史》下册出版时,汤先生又写信给上海人民出版社说明情况,务请将署名顺序改回来。这样,《明史》下册作者署名为南前汤后。到了2003年该书再版,两位先生还在为署名先后互相谦让,终于各退一步,接受了上册南前汤后,下册汤前南后的方案。有编辑感叹,在出版界待了半辈子,少见南炳文式署名"争后"的事例。

《清代文化——传统的总结和中西大交流的发展》(天津古籍出版社1991年版)一书,是南先生当年带领留校工作不久的硕士生李小林(现为南开大学教授)和李晟文(现为加拿大拉瓦尔大学教授)撰写,南先生的内容占大部分,而且他承担了指导、修改任务,但出版时作者署名是"南炳文、李小林、李晟文"。《明代文化研究》(人民出版社2006年版)一书,为我读硕士时,在南先生带领、指导和修改下合作写成的,我撰写的内容只占一小半,但出版时作者署名为"南炳文、何孝荣"。2016年,经我提议和联系,南先生决定对《明代文化研究》《清代文化》加以修订,并增补近代文化部分,合成《明清文化通史》书稿。该书出版前,南先生又几次与我商议,要把我署为并列主编,为我婉拒。但是,最终他还是坚持将我和李小林教授署为副主编;而稿费的分配则一如既往地按署名人所承担部分的字数计算。

对于研究生发表的论文,南先生也拒绝署名。我于1992年6月硕士毕业后,将学位论文《高攀龙政治思想述评》再加修改、压缩,投给《南开史学》,主编陈振江教授安排在当年年底的第2期发表。考虑到论文经过导师南先生的指导、修改，因此我将南先生署为第一作者，我自己为第二作者。当时，南先生在日本讲学，不知道此事。等他回国后，看到《南开史学》样刊，专门把我叫到办公室，严厉地批评了我，说他只是做了导师该做的事，不能掠人之美，不该在论文上署名，并反复叮嘱我以后不许再这样。南先生先后指导硕士、博士、博士后近百名，同学们在校期间的学位论文和其他的专业论文大多经过他指导、修改乃至推荐发表，但当论文发表时，南先生都不允许学生署上他的名字。

南先生平易近人，没有学者专家的架子。对身边的每一人，甚至包括办公楼的保安、保洁人员，他都主动热情地打招呼，礼貌周到地问候，还经常停步和他们唠唠家常。那些保安大叔、保洁大姐也都与南先生很熟悉，提起他无不竖大拇指。有时我们骑车在校园里遇见南先生，他也一定主动下车跟我们寒暄。与同事、同行、朋友、学生见面，他表扬和肯定对方的成绩和进步，鼓励有加。谁有困难，只要跟他说起，他一定会热心地提供帮助，非把困难解决不可。访客告别时，他不论是在自己家，还是在办公室，必定坚持送客下楼出门。每次大家不让他送下楼，他总是说第一次来，要送下楼，以后再来就不送了。其实后面同事、同行、朋友、学生再来访，他仍会坚持送下楼，直到看着对方离开才回身进门。

南先生知识渊博，与同事、同行、朋友、学生谈话时，往往能将相关的历史名人、事件、典故等顺"口"拈出，用幽默风趣的语言联系起来，一下子就拉近了与对方的距离。学生们初见南先生时不免紧张，他总是笑盈盈地看着对方，幽默地说道："我又不是老虎，紧张什么。"风趣的话语使学生们的紧张感顿时化为乌有。前文提及的李晟文攻读硕士之初，多次面见南先生后，仍不免紧张。南先生每次都是笑吟吟地安慰他，有时还会学他拘谨僵坐的模样，惹得大家哈哈大笑，缓解他的紧张情绪。南先生上课时，也能用生动幽默的语言，把枯燥难记的历史知识讲出来。如他在为硕士生们上"史料学"课时，讲到清代的一本书《贩书偶记》，说："作者是个摆书摊卖书的，在卖书的过程中把读书心得记录下来，形成了这本书。所以，他的名字虽然叫孙殿起，但他不是从宫殿里起来的，而是从旧书摊上起来的。"说完，他自

勤奋刻苦、淡泊名利的明史学家
——记南开大学资深教授南炳文先生

已笑了起来,同学们也被逗得哈哈大笑。30 多年后,有同学仍然清楚地记得课堂上南先生讲的这个知识点和他当时的神态,至今难以忘怀。

(作者系南开大学历史学院研究员、博士生导师,南开大学故宫学与明清宫廷研究中心主任,中国明史学会副会长)

【学人小传】

南炳文,1942 年生,著名明史学家,南开大学资深教授、博士生导师,兼任中国明史学会学术委员会主席、天津文史馆馆员、廊坊师范学院特聘教授。曾任南开大学学术委员会委员、历史研究所所长,天津市政协常委、文史委常务副主任,中国明史学会会长,兼任日本东北学院大学、立命馆大学、东洋文库及中国社会科学院历史研究所、故宫博物院宫廷史研究中心客座研究员,享受国务院政府特殊津贴。学术代表作有《明史》(上、下册,合著)、《南明史》《20 世纪中国明史研究回顾》《清史》(上、下册,合编)、《明清史蠡测》《明清考史录》《明史新探》《明史续探》《明史学步文选》《辑校万历起居注》(合校)、《校正泰昌天启起居注》等 30 余种。

追寻"冷处偏佳"的真谛

——记美术翻译家李本正先生

陈期凡

翻译家李本正先生的译作在美术理论界享有盛誉,他本人却声名寂然。事实上,他从开始接触翻译至今,始终像古典时代的人文学者一样,践行着"人生有涯,知也无涯"的真谛,以无穷的探索之心,赋予了知识无限的前景和可能。美术史家范景中先生称赞他——"李本正不是英雄,他只是一位谦卑的、默默无闻的、敬畏知识的人"。

1947 年 9 月 15 日,李本正先生出生于辽宁省沈阳市,4 岁那年随母亲回到家乡河北省昌黎县,1956 年来到天津。他生性敏感细腻,宽和友善,早早展现出对美术和语言的天赋与兴趣。

小学阶段,李先生画小人书、画人物像、画院子里的树。当他回忆童年时光时还清楚地记得种种与画相关的点滴。他的回忆文字,温暖中带一点怅然:乡村青年画的睡觉的猫、下乡回城后发现被丢掉的旧画、被同事借走再未归还的《速写》小册子,还有少年时因羞怯不敢给美术老师寄出的求教信……建构了他心中美术世界最原始的怀旧底色。

李先生对于外语的兴趣最早来自游戏。几个小朋友聚在一起玩打架游戏,扮反派的小朋友很会演,嘴里冒出一串自编的"外国话",引得众人大笑,也引发了他的好奇,从此便萌生了日后有机会一定要学会一门外语的强烈愿望。国家推广汉语拼音时,他对字母的兴趣由此产生。后来,哥哥上的初中开设了俄语课,他又缠着哥哥教会了他不少俄语单词和短句。语言的世界无形无色,看似不及画画精彩,却也成为他终生钻研的天地。

1960 年,李先生升入初中,就读于红桥区铃铛阁学校。当时中学普遍教授俄语,这所学校却设有英语课程,这也为他日后深入学习这一门语言打下了基础。1963 年到 1968 年,李先生就读于天津南开中学。南开中学历史悠久,师资极好,学生素质也高,李先生更是其中的佼佼者,特别是英语水平突出。在此阶段,他常常光顾外文书店和劝业场二楼的古旧书店,接触了大量英文书籍以及翻译作品,开始对优美的译文有所感触,读到英文报纸也会选一段试着翻译。老师称赞他"把英语学活了"。毕业考试时,他是全校唯一的英语满分获得者,班主任给他写的毕业评语里特意提到"英语学习得较好,能积极学习课外知识"。而对那时的李先生来说,最大的遗憾是缺少练听力的机会。南开中学的课外活动极为丰富,李先生参加了各种社团活动,报了自己喜爱的美术组,画画于他日后从事美术翻译也是大有裨益。

"文革"期间,高考制度被废止。李先生高中毕业后,又在南开中学参加了两年运动,1968 年底到河北省霸县(今霸州市)煎茶铺公社上山下乡。1972 年,因天津缺少教师,故而从知青中招一部分高中毕业生当老师,李先生有幸得到这次选调机会,到天津教师进修学院学习 8 个月的中文。

从 1973 年 7 月开始,李先生任教于天津营门东中学,时间长达 20 年。这是一所新建校,缺少英语师资,他得以转教英语。在这里,他结识了高他几届的南开中学校友杨成凯先生(后成为知名语言学家)。两人志趣相投,都乐于钻研学问。后来,杨先生考取了吕叔湘先生的现代汉语方向研究生,两人仍时有来往。

1984 年,天津教育学院举办英语脱产本科班,李先生经过争取,成功报考,在该班学习了两年。教育学院对此次办学极为重视,师资力量雄厚,学员也是各自单位的骨干,但李先生的优势依然明显,同学对其评价是:基础深厚,词汇量大。授课老师赞其翻译"有味道""经历丰富,比我们的本科生

强多了，水平较高，有的译文已达到出版水平，不用修改，直接拿去发表好了"……李先生专业素养高，人品又好，连续两年被评为优秀学员。

1993年底，李先生调入天津美术学院，到刚创刊不久的《北方美术》编辑部工作，直至退休。编辑工作平淡，李先生却乐在其中。虽然才高运蹇，落寞半生，但李先生颇为知足，认为能在大学里从事自己喜爱的工作，是极大的幸运。2006年办理退休手续后至今，他仍然以各种形式为美院学报工作。在编校工作之外，他还根据学报需要，翻译介绍海外艺术与学术成果的文章，先后在《北方美术》发表译文30余篇，涉及国外艺术家、艺术流派、艺术设计等领域，皆在学界引发极好的反响。同时，他也为学校各类艺术活动、出版物以及张世范、秦征、吕云所、邓国源、李津等多位艺术家的个人画册进行了大量中译英的翻译工作，为天津美术学院及学院教师扩大社会影响作出了贡献。

事实上，早在营门东中学任教期间，李先生就已接触到翻译。他的高中同学刘仲林先生（中国科学技术大学科技哲学部教授）当时任教于天津师范大学,找他参与翻译荷兰学者狄克斯特霍伊斯的《科学技术史》,他译的是第十五章"数学,科学的侍女"。这也是李先生翻译事业的起始。

读本科期间,李先生的翻译活动有了一些进展。杨成凯先生将他推荐给范景中先生,后者主持了大量美术翻译工作。这项工作恰恰将李先生的两种兴趣结合在一起,于他而言最是理想。此后,他便一直从事与美术相关的翻译,在《美术译丛》《新美术》《世界美术》等刊物上发表多篇译文。数十年间,李先生参与翻译了贡布里希、里克特等多位学者的著作。美术史学史上的璀璨群星,在他的妙笔之下,被赋予中文世界里另一个维度的精彩。李先生最初翻译了《美术史在美国的三十年》一文,后又参与了英国艺术史家贡布里希《艺术与错觉》的翻译工作,这本书由杨成凯、李本正、范景中三位先生合译,译本准确还原了贡布里希原著的内容,对专业术语和复杂概念的翻译恰如其分,在保证学术性的同时,文字优美流畅,可读性极强,出版后受到广泛关注和引用,对贡布里希学术思想在国内的传播功勋卓著。

多年来,李先生深耕于翻译事业,主要做了两项工作:一是参与了"学院丛书"的翻译,译出四本,其中三本是哲学家卡尔·波普尔的著作:与范景中先生合译的《通过知识获得解放》《走向进化的知识论》,由其翻译、范先生校对的《开放的宇宙》,另一本是贡布里希的文集《文艺复兴:西方艺术的伟大时代》;二是参与了丛书"美术史的形状"的翻译,与傅新生合译《美术史的形状》第Ⅰ卷《从瓦萨里到20世纪20年代》,他翻译的是奥地利艺术史家弗里茨·扎克斯尔的《瓦尔堡图书馆的历史》一文,此外,李先生还翻译了英国学者卡罗琳·冯·艾克和爱德华·温特斯共同编辑的《视觉的探讨》一书。

数十年如一日,李先生身居斗室,孜孜不倦,不改其志。工作繁重,家事拖累,他总能挤出时间,在床边、缝纫机旁、床头柜上译出了那些承载着人文关怀和科学精神的经典之作。即便李先生的处境在他人看来甚是辛酸,但他总记得少年时"盼望能有机会从事一些翻译,也不枉对英语喜爱一场"的愿望,将所有可以利用的业余时间都花在美术翻译工作上,且只要条件允许,还要继续下去。

近几年,李先生的翻译成果主要有两项:一是由其翻译、范景中先生校译的《贡布里希遗产论铨:瓦尔堡研究院庆祝恩斯特·贡布里希爵士百年诞辰论文集》;二是翻译了贡布里希的《瓦尔堡思想传记》。

《瓦尔堡思想传记》的翻译,断断续续耗费六七年时间,可谓是李先生与瓦尔堡、贡布里希两位艺术史巨匠跨越时空所进行的一次深度的思想和语言碰撞。贡布里希将为瓦尔堡立传视为其身为艺术史学者的使命,《瓦尔堡思想传记》又是其著作中最艰涩的存在,力求在梳理大量材料,以讨论艺术史风格的种种观念的同时,将瓦尔堡新造词翻译成精准的英文。对于翻译一事,贡布里希本人认为,"要弄清作者的意思,最好的办法莫过于尝试用不同的词句表达他的意思,更可取的是用另一种语言表达"。这种观念也蕴含在《瓦尔堡思想传记》的写作中,而将此书翻译成中文,则更非易事。

贡布里希所写的瓦尔堡生平和学术,在理解上已有不小难度,转译为中文,本可能更为复杂晦涩,而李先生的翻译最大限度地解决了阅读过程中可能遇到的难题,即便使用长句,也都保持着较为简单的语法关系,完美规避了"翻译体"容易遇到的语言问题。他本人曾说:"从事美术理论翻译多年,深感译事之艰辛,需要字斟句酌,反复阅读原文及相关材料,深度理解之后才会有晓畅的译言,这个过程往往并不一帆风顺",甚至"译一本书比自己写一本书要难得多"。范景中先生则在《瓦尔堡思想传记》中译本序言中写道:"译好一部精湛的学术著作,不只要弄懂那些深刻的文义,更需要翻译之学所蕴含的道德上的严肃和知识上的苦行精神。"李先生一丝不苟的翻译工作就承载着这样的精神。

李本正先生的翻译生涯,可谓是一种平凡的伟大,即便没有更大的舞台,即便没有更多的掌声,却依然能以自己的学识和修养诠释"冷处偏佳"的真谛,有人不堪其忧,他却不改其乐,充分彰显了对翻译事业的执着热爱和坚持不懈。

（作者系《天津美术学院学报》编辑）

【学人小传】

李本正,1947年出生于辽宁省沈阳市。祖籍河北省昌黎县。美术翻译家,天津美术学院学报副编审。译作涉及美术史论、国外艺术家、艺术流派、艺术设计等方向,在美术翻译领域有重要影响,尤其对贡布里希理论的传播有较大贡献。

永远的导师和楷模

——记自动控制和系统工程专家刘豹先生

张 维

走进天津大学管理与经济学部大楼 B 区一层大厅,迎面会看到一尊醒目的铜像,时常有鲜花敬献于基座前,也常有青年学子驻足凝望——这正是天大管理学科创始人刘豹先生的雕像。先生不仅是享誉海内外的著名自动控制和系统工程专家,也是中国系统工程学科的奠基人和开拓者之一,更是后学的楷模和导师。

在青少年时期,刘豹先生就深受父辈爱国情怀的感染,立志为祖国强大而奋斗。1946 年,他从重庆大学机械工程系毕业,后进入北洋大学任教,1948 年赴美国深造,专攻自动控制原理,1949 年获得硕士学位,并受聘于美国费城 Baldwin(鲍德温)公司担任工程师。新中国成立后,他毅然放弃国外优渥的条件,怀着一颗报效祖国的赤子之心于 1950 年初回到祖国,投身于新中国建设,1954 年转入天津大学任教。

在天大执教的岁月里,先生全身心投入自动化教育事业中。他运用在美国学到的当时最先进的自动化技术,不仅为天大化工、精密仪器等专业开设了"自动控制"课程,还创办了全国首个化工仪表与自动化专业,为我国自动化事业培养了大量优秀人才。他的专著《自动控制原理》更是我国自

187

动控制学科的开山之作,引领了该领域的发展方向。先生不仅在自身学术上取得卓越成就,还满怀爱国情怀和奉献精神致力于新中国自动化学科的建设。从 1956 年起,他多次参与制定新中国的科学技术发展规划;与同仁共同起草的自动化发展草案经修改后成为国家 1980—2000 年自动化学科发展的正式规划,推动我国自动化事业走向世界前沿。他作为战略科学家所做的这些卓越工作,为我国科技事业的发展作出重要贡献。

仰望大师,其高深的学术造诣不仅表现在对已有学科前沿的探索,还在于对科学新兴趋势和动向的敏锐把握。先生早年从事气动调节、自动化仪表、自动控制系统研究;后来专注于更为一般的系统建模中的参数估计、系统辨识领域。20 世纪 70 年代末,先生将学术研究对象从单纯针对自动控制系统的系统工程,转向了当时国际上正在兴起的、针对包含社会经济系统在内更广泛系统的系统工程;先生晚年则从社会经济系统的需求和复杂性本质出发,主要从事系统的预测以及多智能体(Multi-Agent)复杂系统的研究。从表面上看,似乎他研究的领域跨度很大,但记得有一次他对我说,他多年的研究核心秉持的都是对系统的建模、分析、仿真和优化,只是研究对象从自动化工程领域转移到了社会经济领域,从自动控制和系统工程、系统工程与经济/管理科学的交叉学科视角进行研究,以适应国家社会经济发展不同时期的战略需求转变。

1978 年全国科学大会召开以后,经教育部批准,先生创建了天津大学系统工程研究所,这是全国首批从事系统工程研究的专业机构之一。1980年,他又与 21 位科技界同仁共同发起,创立了中国系统工程学会。作为中国系统工程学科的开创人之一,先生多次在学术刊物上发表文章,结合学科的发展和国情,阐述中国系统工程的研究内容及特色发展方向,强调系统工程应当为中国社会经济发展服务,强调定性与定量相结合的研究方式,强调对复杂大系统有关方法论的研究等。他在这方面的辛勤工作为中国系统工程学科的发展和特色建设起到了重要推动作用。20 世纪八九十年代,先生多次邀请国际著名学者来访天津大学并执教于此,促进学科的国际合作交流。记得我当年作为年轻教师负责接待过美国工程院院士、著名系统工程专家田家美（James M. Tien），美国电气电子工程师学会会士、著名大系统理论专家安德鲁·P. 塞奇（Andrew P. Sage）等学者，他们当时都不约而同地指出，包括刘豹先生在内的中国系统工程学者针对复杂的社会经济系统所开展的特色系统工程研究，走在了世界前列。

学者保持学术青春的最好办法是对学术前沿保持敏感和追求的行动。忆起多年前，先生竟在 80 岁高龄时以多智能体系统的研究而为其学术生涯谱下华丽的终曲。要知道，多智能体系统方法正是当今研究社会经济问题的前沿方法之一。

如果成为师生是一种缘分的话，那先生的教诲则使我终身受用。1982年初，我从天津大学工业电气自动化专业毕业后，考入先生门下读研究生，学习系统工程。记得第一次见先生，是在天大七里台校区第 14 教学楼二层的一个房间内。包括我在内的新生们在先生身边围坐一圈，先生拿着一个小本子，抬头看一个人、对照念一个名字。我想，先生念名字大概是按照字母音序吧，最后轮到我这里时，他说："不用问了，你就是张维吧？"逗得大家哈哈大笑，一下子缓解了我们原本紧张的心情，瞬间拉近了彼此之间的距离。

多年之后，先生的培养和教诲使我从一个博士生变成了可以指导博士生的教师。有趣的是，在我整个学术生涯中，有幸两次在博士生毕业论文封面上与先生共同署名。

我指导的第一个博士生是向先生"借来"的。那时，我正准备主持承担国家自然科学基金资助的国内第一个金融工程领域重大项目课题,迫切需要更多的研究力量,先生毫不犹豫地选派自己门下的一个学生加入课题组,我因此有幸在先生手把手的帮助下完成指导工作。先生对后学的鼎力扶持正所谓"扶上马、送一程",这为我后续的独立指导奠定了扎实的基础。这个学生也因之成为国内最早利用金融工程理论和方法开展利率风险管理定量模型开发的研究者之一;因其工作的前沿性和实用性,他毕业后即被一家银行总行录取,并持续得到重用。

更有缘分的是,先生学术生涯中指导的最后一位博士生竟是反过来"借"了我名下招的一个学生。20 世纪 90 年代末期,先生获批主持一项重要的国家自然科学基金项目;但依学校政策,他恰因年龄所限刚刚停止招生。为了配合先生更高质量地完成该项目,我就请以我名义刚招进来的一位博士研究生加入先生的新课题研究团队。先生不仅亲自指导该同学出色地完成了研究任务,也指引我将研究工作延伸到了新方向,启发了我对"计算实验金融"这一新兴领域的持续探索。

悉心为国家培养人才,在先生心中具有极为重要的分量。记得在我读研期间,先生对研究生项目和教育倾注了大量心血,不仅精心安排组织系统工程研究所配备专业师资,更请来日本神户大学的平井一正、德国波鸿鲁尔大学的翁贝豪恩等海外教授给我们上"大系统控制""自适应控制系统"等几门完整课程,还时常邀请海外学者来华为我们开设讲座、指导研究。在 20 世纪 80 年代初,这样的做法实属难得。

对学生独立能力的训练也是先生极为关注的。读研期间,我和同学曾跟随先生多次参加 IFAC(国际自动控制联合会)会议、中国系统工程学会年会等重要国际国内学术会议。看到一些国内外知名学者来参会,同学们想去搭讪但又有些胆怯,故希望先生能把我们引荐给这些学者。不过先生却告诉我们:"你们应该锻炼自己的学术交流能力,自己主动去约专家进行讨论、征询指导;若你想法有趣,人家自然会有共鸣,愿意跟你讨论问题;若你本身就无见地,我来引见又有何用?"

学术论文的写作是研究生的必修课,是探索和研究所获得的新知识之呈现。记得我的第一篇学术论文写完后交给先生,请他指导修改,他给我的评语是"光骨头没肉"。先生告诉我,一篇论文若缺少前面必要的铺垫和后面的分析讨论,读者很难理解到文章的创新和价值。于是,我根据先生提的意见,自以为认真地修改了一稿,再次向先生提交。这次先生看后笑道:"这个版本又太花哨了。"我疑惑道:"您不是说要有骨头有肉吗?"先生说:"是啊,但我们要的是肌肉而非赘肉呀。"我顿时豁然开朗。

先生一生做学问严谨,他的学术态度也深刻影响了学生们。他在不同的工作中定位非常清晰,从来不在同行评议的时候超越自己的专业领域。我好几次看到先生将别人寄来要求评审的博士论文予以退回,因为那非他专长领域。他在指导学生写论文时,不仅在内容上与学生仔细讨论学术思想、反复推敲方法的严谨性,而且在写作上也对论文修辞、标点和格式等提出细致要求。1988 年,我在 IFAC(国际自动控制联合会)文集上发表第一篇英文论文时,还没有 Word 之类的电子文字处理工具,而是需要在国际出版商寄来的专用格式纸上,用手动打字机键入文字。那是头一次经历这样的事情,我一头雾水,多亏先生悉心指点。

生活中先生是一位和蔼长者。学生们第一次见先生时都很拘谨和紧张,但随着接触时间增多,我们会慢慢感受到他和蔼温暖的一面。有时我们会去他家里汇报论文进展、寻求指导。此时,先生都会给我们找点儿好吃的,记得他好几次用电烤箱烤了香喷喷的红薯来款待我们,在 20 世纪 80 年代初期那个物质尚未丰富的年代,那可是美食呀!我人生中第一次喝到煮出来的过滤咖啡,也是在先生家由他亲手做的:咖啡盛在一只精巧的瓷杯里,散发着浓郁的香味,托盘中配一把小茶匙。先生还贴心地教我们品饮咖啡的常识,例如搅拌糖的茶匙是不可当汤匙往嘴里放的。种种细节透出先生对青年学子全方位的厚爱。

科学和艺术是相通的,都要具备充满创意的大脑。先生这样的管理科学大师也有意想不到的艺术细胞——这或许源自家族遗传基因的强大。先生家曾有个特别精致、厚重的旧画框,师母说那原本属于早年在小白楼从俄国侨民手中淘得的一幅俄罗斯油画。后来,那幅画作被先生的父亲艺术大

永远的导师和楷模
——记自动控制和系统工程专家刘豹先生

师刘海粟老先生索走并答应补画一幅,但后因故未果,画框就一直空着。一日,先生兴起,从未学过亦未画过油画的他决定自己画一幅油画放在框中,以迎接女儿一家从海外回国探亲。于是,先生找我来帮忙,绷画布、涂底油、买颜料和画笔。几日后,一组静物跃然呈现,栩栩如生,落款"刘海粟二少"。

回顾刘豹先生坚韧与奋斗的一生,沉淀了太多的历史和美好。作为学生,我从先生那里习得复杂系统中的"涌现"原理,这教会了我"见微知著"的道理。于是,我尝试采用点滴记忆的方式,写下此文以呈现先生的宏大学术思想和学者情怀,铭记他的精神遗产。

(作者系天津大学管理与经济学部讲席教授)

【学人小传】

刘豹(1923—2013),江苏常州人,自动控制和系统工程专家。创办我国第一个化工仪表与自动化专业,是中国仪表自动化教育的开创者。创办中国首批系统工程研究所之一,曾任中国首批管理(经济)学院的创任院长,是中国系统工程、管理科学的开创者之一,为中国自动化、系统工程和管理科学学科发展作出卓越贡献。著有《自动控制原理》《自动调节理论基础》等,培养出百余名硕士、博士。曾获国家级科技进步二等奖2项、三等奖1项及省部级科技进步奖10项。

陈国庆：
我国金融工程研究领域的先驱

陈 平 范小云

　　1915年11月5日,陈国庆先生出生于福建闽侯。1934年从南开中学毕业后,陈先生以优异成绩考入清华大学经济系,师从著名经济学家陈岱孙和袁贤能两位先生,从此开启了他在经济学道路上的探索和追求,清华大学四年的学习为先生后来研究凯恩斯思想理论奠定了坚实的学术基础。

　　1938年从清华毕业后,陈先生又追随袁贤能先生考入天津达仁学院(袁先生为时任院长)攻读研究生。1939年初,陈先生撰写的《新经济理论与新货币理论》在《燕京大学报》上发表,这是他学生时代写的一篇很有分量的论文,初步显示出卓越的理论研究实力。1940年,陈先生研究凯恩斯经济理论思想的专著《凯恩斯货币理论及其演变》问世,该书写于20世纪30年代末,是我国最早研究凯恩斯金融理论的学术专著,对凯恩斯的三部经典著作《货币改革论》《货币论》和《就业、利息和货币通论》进行了详尽阐释,分析了其理论的内在逻辑,理清了凯恩斯思想脉络的发展延续。当时的中国,现代经济学研究相对落后,这部著作尤其对《就业、利息和货币通论》的学术价值有了突破性认识,实为难得;而由一名在校青年学生实现了这种突破,更为难得。此书的出版引起国内外经济学界的广泛关注,凯恩斯本人曾亲笔致函陈先生,盛赞其在东方从事这项研究工作的难能可贵精神和在研究中所取得的成就,并将新书《如何为战争筹款》赠送给陈先生以示致意。

研究生毕业后,陈先生先后执教于中国大学、达仁学院、中央财经学院(今中央财经大学)和津沽大学,1950 年转入南开大学并扎根于此,在长达半个多世纪的岁月里,他把对南开的爱都倾注在平日的教学科研中,始终与南开休戚与共、风雨同舟。

自 20 世纪五六十年代起,陈先生开始着手翻译世界经济学名著。1979 年,结束了 22 年"右派"生涯后,陈先生返回南开继续任教。为解决当时国内学术研究中西方经济学学术文献匮乏的问题,他迅速投身于世界经济学名著的翻译整理和出版工作中,先后翻译了弗里德里希·冯·维塞尔的《自然价值》、J. L. 汉森的《货币理论与实践》,并和杨敬年先生等合译了熊彼特的《经济分析史·第三卷》。为把国外最新最有用的金融学知识引进来,陈先生还及时摘译了近 10 种外国经济学名著的众多章节,发表在有关刊物上,供金融学界学习参考。正因为陈先生勤勉努力的治学精神和对经济学研究的不懈追求,才有了当时经济学译著的累累硕果,为改革开放初期引入西方经济学、促进中国与世界经济学界沟通交流作出突出贡献。

20 世纪 80 年代,为借鉴国外先进理念和技术,特别是为建立现代金融制度提供更好借鉴,国家组织出版了"资本主义国家金融制度丛书"。南开大学金融学系承接了编写工作,陈先生负责的是英国部分,在没有互联网的时代,他通过书信与英格兰银行建立起密切联系,获得大量一手资料,在作了极其深入的调查研究和比较分析之后,陈先生写出《英国金融制度》一书。该书不仅从内容上对英国金融制度的特点作了翔实的介绍分析,而且于写作体例上也是对以往模式的一种突破,成为我国学习和研究英国金融制度的经典文献,为金融体制的改革提供了有力的理论支持。

陈先生还十分重视理论研究对国家政策的先导性作用。20 世纪七八十年代,他开始研究国别经济,特别是对大洋洲经济作了深入研究,短短几年内,写出《战后澳大利亚经济》《澳大利亚金融制度》和《战后澳大利亚经济统计手册》三部著作,以及专论澳大利亚经济的 10 余篇论文。正是有了这样深厚的研究积累,1984 年,陈先生写成研究报告《澳大利亚矿业中的外国投资——兼论我国对澳矿业投资问题》,由专人直接交到国务院发展研究中心,受到相关领导的高度重视和评价,并被当时的国家教委列入《高等学校哲学社会科学研究优秀成果选编》。当时,中国的经济环境是强调吸引外资,而陈先生大力倡导对外国投资,可谓视野独到,充分体现了理论联系实际、勇于开拓创新的治学精神和浓浓的家国情怀。

改革开放最初十年间,是陈先生一生中收获最丰的十年,当时他虽已年届六七十岁且体弱,但出版的著译作颇为丰硕,多次获得天津市哲学社会科学优秀成果奖。他还发表了《论资本主义国家中央银行的独立性》《论用货币供应量作标的和货币总量的选择》《论西方工业国对金融体系放松管制》等 30 余篇论文。陈先生在努力弥补逝去的时间,把全部精力倾注在了教学科研中。

20 世纪 90 年代初,面对国际上新的金融形势和改革开放后我国金融业的发展状况,年逾八旬的陈先生敏锐地觉察到必须进行金融工程领域的研究,于是提笔写就文章《金融工程简析》,对国外较流行的金融工程学作了简要的介绍、分析和评价,特别提出国内金融学专业应该开设“金融工程”这门课。这是国内第一篇有关金融工程的文章,刊发后引起很大反响,澄清了当时存在的“金融工程在国内用不上”的认识。可以说,我国当代金融工程领域的研究和发展,与陈先生当年所做的先驱性努力是分不开的。

陈先生不仅学术声誉斐然于世,而且行政能力同样出众。早年在清华读书时,他就因做事有条不紊、组织协调能力强而深得同学信赖。也正因此,他与同为一个足球队主力前锋的钱伟长学长结下终身之缘。20世纪80年代初期,钱伟长出任校长组建上海大学时,看中陈先生的学问和能力,希望调他担任该校经济学院院长,却被陈先生婉拒。陈先生视学术为生命,视南开为家园,一切待遇和位置都比不上加快建设南开大学经济学科更为重要。

20世纪50年代,受全国高校院系调整的影响,南开大学经济学科规模急剧缩小,原南开大学经济学院的七个系中有六个被并入新组建的河北财经学院(今天津财经大学),只留下了经济学系,南开经济学科呈现凋敝之象。20世纪80年代初,南开决定恢复重建金融学系,陈先生和钱荣堃先生、王继祖先生一道,全身心投入金融学系的重建工作中,三位先生倾注了无数的汗水和心血,并成为南开金融学系重建后最早的三位金融学博士生导师。

1986年,在当时的国家教委组织的全国高校金融类研究生综合评比中,南开大学金融学系的国际金融方向争得头名。当时,南开金融学的师资力量在全国高校中是最强的,在很长一段时期内,全国共有六位国际金融学的博士生导师,而南开就拥有其中的三位。重建后的南开国际金融学科,短时间内就在国内金融研究领域占据了无可争议的领先地位,后来又在国内金融界不断创造出辉煌成绩,这都与三位先生的不懈努力密不可分。

陈先生热爱教育事业,爱护学生,关心学生。自执教南开以来,他先后在金融贸易学系、贸易系、经济系和经济研究所任职,从事多方面内容的教学工作,先后开设“商品学”“国内贸易”“国际贸易实务”“大洋洲经济”“西方货币银行学”“世界经济”“国际金融”等多门课程。他讲课一贯坚持使用最新教材,注重内容的系统性、逻辑性和创见性,而且十分强调理论联系实际,力争使其教授的理论和世界最前沿接轨、和实践接轨,因此深受学生欢迎。

在六十年的执教生涯里,陈先生于实践中形成了关于培养学生的独到见解。他认为,本科生应该"扎实基本功,开放视野,发现问题,并寻求解决的办法";研究生可以放开一些,自由选题,自主研究,对事物形成独立的看法;博士生则应有对事物更为深刻和有创新意义的观点。他从 1980 年起指导培养硕士生,1987 年起招收博士生,指导研究生深入而细致,尽心竭力教他们如何读书,如何搜集资料和写作文章。他培养的研究生所作的学位论文,屡被评为优秀论文,学生们毕业后无论是继续深造还是工作都表现得很出色,陈先生因此获得天津市培养研究生优秀教学成果奖。

南开大学金融学院的图书馆现在还保存着陈先生生前的全部藏书、写作与工作手稿。他指导过的每一篇博士和硕士研究生论文,都有完整的原文、修改意见、评阅意见等材料。陈先生在耄耋之年仍坚持伏案为博士生审改论文,并且修改笔迹十分清晰,鲜有涂改。后来师母揭秘,原来陈先生每审改学生论文时,必先通读两遍,读第三遍时才动笔书写修改意见。对于每篇博士论文,他甚至还复印保存了所有外审专家寄来的评阅意见。这样的一丝不苟和全身心投入,堪称研究生导师中的典范。

陈先生家住南开大学教师公寓,屋里摆设很简单,没有什么起眼的家具,一台电视机算是值钱的东西了。在坐下三四个人就略显局促的客厅兼书房里,除了先生的书桌和几把旧椅子,就是满眼的书和资料,然整理有序、多而不乱。很难想象,就是在这样的环境下,先生带出了那么多优秀的学生,写出了那么多重要的学术著作。

陈先生面积不大的公寓,是学生们最喜欢去的地方。先生跟师母都十分热情好客,对每一位学生都像对待自己的孩子一样。学生们愿意到先生家,不单是请教学术上的问题,更愿意找先生和师母聊聊天、谈谈心、话话家常。先生和师母不仅记得每一位学生的名字,更能够对一些细节如数家珍、娓娓道来。先生喜欢吃西餐,很多学生都是随先生和师母在天津五大道的餐厅里体验了人生第一顿西餐。先生也喜欢做饭,经常请学生到家里改善生活,他做的烹大虾色香味俱佳,还坚持每天自制酸奶,几十年从不间断且一丝不苟,一如他的为人和学问。

2005 年,陈先生在去世前立下遗愿,将他与夫人勤俭一生积攒下来的

10 万元存款捐献出来,设立陈国庆奖学金。这是南开在校教师个人捐款设立学生奖学金的首笔基金。陈先生以其毕生精力彰显出那一代知识分子为了中华民族伟大复兴而殚精竭虑的精神,他们在社会进步中体现出思想者的努力,在人生的坎坷颠沛中显示出个体的精神力量。陈先生一生致力于教育事业的崇高节操,是南开精神的无声写照。

2015 年,在陈先生 100 周年诞辰、逝世 10 周年之际,南开大学在金融学系和风险管理与保险学系的基础上,成立了金融学院。弟子们秉承陈先生的教育理念、弘扬先生的伟大人格和道德风范、继续先生的事业追求,在金融学院捐资设立了"陈国庆教授纪念基金",以此推动南开金融学科发展,完成先生的夙愿。

(作者陈平系中山大学岭南学院教授,博士生导师;范小云系南开大学金融学院教授,博士生导师)

【学人小传】

陈国庆(1915—2005),著名经济学家,南开大学金融学科开创者之一,我国最早的金融学博士生导师之一,在推动我国金融工程研究和发展方面作出重要贡献,国内金融工程研究领域的先驱。著有《英国金融制度》《战后澳大利亚经济》《澳大利亚金融制度》《战后澳大利亚经济统计手册》,翻译多部世界经济学名著,发表多篇重要学术论文,另有《陈国庆文集》存世。

"自树"与"树人"

——记中日比较文学学者王晓平教授

徐 川

　　天津师范大学兴文楼中有这样一位先生,个子不高,略微驼背,即使阴天也会戴着墨镜,但无论遇上多么糟糕的天气,先生脸上总是挂着笑容。在这个几乎人人都是"低头族"的年代,他却从来不用手机,连他本人都说自己是一个"怪老头"——这就是天津师范大学文学院教授王晓平。王老师是改革开放后最早一批进行中日比较文学研究的资深学者之一,长期从事日本文学、中日比较文学、日本汉文学、中日文学文献的研究。不仅如此,他的研究领域还包括中国古代文学、日本藏汉籍古写本的文献学、日本诗经史、日本汉文学对中国文学受容与变异、敦煌文学文本及敦煌俗字与日本藏古写本的比较研究等。

　　青年时代的王老师经历过上山下乡,在广袤的内蒙古大地上度过几年知青岁月。听老师提起过,在那段难以忘怀的青春岁月中,伴随他激励他的是读书,是学术。逆境中的一心向学,是王老师学术生涯的起点;知识就是王老师的信仰,带给他无穷的力量。那几年里,王老师以惊人的毅力持续钻研古代文学,研读《诗经》,坚持读书学习让他在那时就拥有深厚的文学素养和良好的文字功底,并于国家恢复高考后考入第一批研究生行列,1981

年毕业于内蒙古师范大学中文系古典文学专业(先秦文学方向),其后多次作为客座教授赴日本访学。

改革开放后,学术界迎来新的发展契机。王老师作为最早一批公派访问学者之一,终于有机会走出去开阔视野,了解国际学术前沿动向。在众多汉学古籍散落的日本,汉文学研究历史悠久,所以王老师选择东渡日本访学。王老师的研究最早起步于诗经学,结合日本文献以及诗经学研究,先后出版了《日本诗经学史》《日本诗经学文献考释》等相关研究著作,为中国学界开拓了新的视野,充实了研究版图。王老师曾先后担任日本福冈大学和东京大学外籍研究员,日本文部省直属机构国际日本文化研究中心客座副教授,任教于日本立命馆大学、茨城基督教大学、帝冢山学院大学,并在京都、秋田等地讲学。

在日访学期间,王老师同日本学界展开卓有成效的学术对话与交流。最具代表性的对话是 1996 年 12 月,王老师在国际日本文化研究中心与日本古典文学大家中西进展开的诗学讨论——由于王老师以《万叶集》为中心研究日本诗经学史,发表了多篇颇具分量的学术代表作,得到日本学界的尊重,所以才有了这一次的对话讨论。对谈中,双方坦诚、直接、愉悦地交流,彼此欣赏对方文化的精髓,最后对话以《智水仁山——中日诗歌自然意象对谈录》一书的形式出版,在两国学界反响热烈。后来王老师因在诗经学方面卓越的研究成果,获得日本第二届"奈良万叶世界奖"。

王老师在日本访学期间,还与一些学者结下深厚的学术友谊。1995 年至 1996 年,曾任日本比较文学学会会长、学贯东西的川本皓嗣先生,成为王老师在东京大学访学期间的指导教授;1999 年至 2006 年,王老师任教于日本帝冢山学院大学,与"令和"年号的提出者中西进教授互为良师益友;他还与加藤周一、梅原猛、松浦友久等日本著名学者有着学术上的友好交流往来。

王老师治学勤奋刻苦,学术研究硕果累累,很多选题都颇具开创性和奠基意义,他的代表专著有《近代中日文学交流史稿》《佛典·志怪·物语》《中日文学经典的传播与翻译》《亚洲汉文学》等,发表学术论文 200 余篇,并多次获奖。此外,多年来他一直致力于汉文学古写本的抢救、整理和研究,并承担了国家社科基金重大项目"日本汉文古写本整理与研究"。值得关注的是,王老师主持的国家社科基金项目"中日文学经典的传播与翻译"的研究成果,被收入 2013 年度《国家哲学社会科学成果文库》,受到学界高度认可。

在几十年的学术生涯中,王老师治学以"勤奋"为先。举一例就可窥见。生活中,我们对日本流行的"暴走族"一词应该不陌生,"暴走"原意是爆发式的奔跑,是日本社会对骑摩托车青少年的称呼,王老师也称自己是"暴走族",但他的"暴走"是每天通勤一个多小时全靠走路。20 世纪 90 年代初,在海外访学的中国学者生活普遍不富裕,有的甚至是相当"困苦",王老师每天坚持"暴走",是为了省下一笔交通费用,用来支付高昂的文献复印费,他想将珍贵的古籍资料尽可能多复印一些带回国内进行学术研究。如此,在中日比较文学领域,才能做到"绝不说没有根据的话"。而王老师从日本带回来的这些珍贵资料,对改革开放后比较文学领域的中日文学比较研究发挥了重要作用。

治学先"自树"。王老师凭靠深厚的中国古典文学学识素养,一方面能

201

够对中国问题做到"知己",深入体察日本文学及其研究方法;另一方面,又能够对日本问题做到"知彼",从而避免了自说自话式的研究,得到了日本学界的充分肯定和尊重。这样的治学态度对中国文学的域外传播、古籍整理及文学史研究不无裨益,还有助于拓宽思维空间,树立开放的研究心态,推动跨文化、跨学科的研究。

治学更要"树人"。作为国内中日比较文学学科的领军人物,王老师研究视野开阔,有责任有担当。在常年与日本学者的交往中,王老师意识到学术需要传承,对格外重视师承流派、沉淀深厚、做派繁复、多变多样的日本中国学界来说,中国学者的惊鸿一瞥远远不够,需要的是原始察终,辨源析流,叩同问异——进而双方能平等地展开卓有成效的学术对话。在大家都以为学术成绩斐然的王老师,会一直留在日本的时候,他却怀着一颗炽热的爱国之心,毅然放弃了优厚的待遇和优越的生活条件,返回国内。秉承"勤奋严谨,自树树人"的校训,王老师至今仍坚守在天津师范大学这片教书育人的热土上,先后培养了博士生15人、硕士生20余人。王老师对学生们的要求是:日语的"听""说""读""写"和汉语的"听""说""读""写"这八门功课须样样精通,才能对两国学界"知己、知彼",而且不是一般的"知",是深知熟稔,进而做到与日本学者对话无障碍。严师出高徒,王老师的学生毕业后大都活跃在各高校和研究机构的教学与科研工作第一线,很多博士毕业生也早已成为教授和博士生导师,成为国内日本学研究界的新兴力量。

王老师多年来怀着极大的热情,致力于将学术由书斋和象牙塔推广至大众。他积极推动天津师大日本文化和日本文学研究方向的学者,赴日本相关文化机构访问,促进两国之间的学术、文化交流。他在天津师大创立了"国际中国文学研究中心""汉文写本工作坊"等研究机构,组织召开国际学术会议,为各学业层次的学生创造接触学术前沿的机会。王老师的朋友遍及社会各阶层,各类文化团体甚至影视剧组都会登门拜访,向他咨询日本文学或文化中的相关问题。王老师的著述文章里,很少有晦涩难懂的专业词汇,字里行间洋溢着亲切与风趣。他的《智水仁山——中日诗歌自然意象对谈录》带我们进入文字相近但语言不同的古代日本;《梅红樱粉:日本作家与中国文化》让读者"穿越"至日本明治、大正时代,体会日本近代作家的中国文化情结;《日本中国学述闻》讲述了多位当代日本学者的真实故事。无论是学者,还是普通读者,都能随王老师的文字穿越时空,踏入异乡。"孤诣独往,而不孤芳自赏;学归大众,决不哗众取宠",这正是王老师学术抱负和学术基准的真实写照。

多年的研究治学生涯里,王老师扎根于考证朴学,立足于实事求是、力避空疏的"中国风骨"和融会贯通、跨越文化的"国际视野",彰显出孜孜不倦的学术追求,为国内比较文学与文化研究树立了典范,在扩大我国比较文学研究的影响、促进国际学术交流、展示中国气派的学术形象方面作出了重要贡献。多年来,王老师自觉地把个人学术追求同中华民族文化繁荣发展紧紧地联系在一起,努力做出经得起实践和历史检验的学术成果。古稀之年的王老师依然坚守在学术研究第一线,这份坚毅深深感染着学生们和学界同仁。我辈当以王老师为榜样,在治学研究的道路上秉持初心、追求卓越。

(作者系天津师范大学国际教育交流学院副教授)

【学人小传】

王晓平,1947 年生于四川省开江县,教授,博士生导师,享受国务院政府特殊津贴。曾任中国社会科学院比较研究中心顾问、中国日本文学研究会副会长、中国比较文学学会常务理事、中国诗经学会理事、日本万叶古代研究所客座研究员、日本帝冢山学院大学人间文化学部客座教授。现任天津师范大学国际中国文学研究中心主任、汉文写本工作坊主任,《国际中国文学研究丛刊》主编,《中国诗学》《汉学研究》编委。有著述与译著 20 余部,发表学术论文、译文 200 余篇。主编大型学术丛书"日本中国学文萃""人文日本新书"。

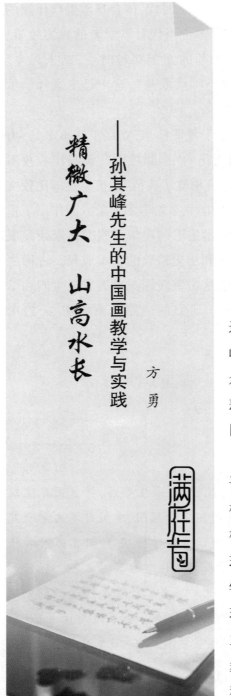

精微广大　山高水长

——孙其峰先生的中国画教学与实践

方　勇

　　孙其峰先生 1920 年生于山东招远,幼年时学习书法,1935 年,少年孙其峰考入招远中学,由该校美术老师徐人众教授美术;徐是齐白石弟子,亦受徐悲鸿影响,其言传身教为孙先生研习中国传统艺术打下了坚实的基础。

　　20 世纪 40 年代前期,孙先生在北平工作,并考入当时的北平艺术专科学校(以下简称"北平艺专")。徐悲鸿任校长时,推崇以素描为造型基础的教育理念,注重培养学生的写实能力,要求学生多进行户外写生,又号召学生关注现实,接近生活,以"写实主义"和"现实主义"并重。孙先生在此求学期间,也多受其影响,刻苦训练之下,他的速写和造型的能力迅速提高,深受徐悲鸿赏识。徐悲鸿虽以素描作为造型之基础，但于笔墨亦加重视，鼓励孙先生习书不辍，并扩充取法。这种不同于以往所受的传统中国画的教学方式和迥然不同的教育体系，给孙先生很大启发，为他日后更加深入地挖掘和发展中国传统绘画奠定了坚实的基础。当然孙先生其时并非独师徐悲鸿，此时的北平艺专名家云集，黄宾虹、李可染、李苦禅、汪慎生等亦在其间授课，为孙先生转益多师提供了极大的方便，也铸就了其兼收并蓄、熔古铸今的艺术风范。1947年于北平艺专毕业后，孙先生与同窗好友刘蔚在中山公园举办联合画展，徐悲鸿到场参观，并题"一时瑜亮"四字加以鼓励。

1952年8月至1980年8月，孙其峰先生历任河北师范学院、河北艺术师范学院、天津五七艺校、天津艺术学院教师、系主任、系党支部书记；1980年8月至1983年6月任天津美术学院党委常委、副院长；后为天津美术学院终身教授至2023年终老于此。

孙其峰先生是天津当代美术教育的重要奠基人之一，中国当代美术教育的传薪者，中国传统文化的践行者和弘扬者，是中国艺术界、美术教育界的一座高峰。孙先生艺术道路的发展是跟教学分不开的，因其在艺术生命蓬勃发展的时期，始终处于教学第一线，不断地与师生交流。面对不同历史时期和基础的学生，以及萦绕在他们身旁、通过他们展现出的具象的艺术时代氛围时，孙先生需时时反刍自己的艺术生涯，归纳、总结和发展自己的艺术理念，以适应这种持续的输出需要。可以说，孙先生的艺术实践与其教学理念密不可分，互为促进。

孙先生长期耕耘在教学一线。1981年，在中国画研究院筹备组主办的

"藻鉴堂花鸟画创作座谈会"上，孙先生所提出的几点问题，更是透过教学恳切地陈述出其时中国花鸟画，乃至中国画发展的核心问题。首先便是"写实"与"写意"的问题，这一问题自20世纪中国开始走向近代化以来，便在关于美术的讨论中处于关键地位。自陈独秀喊出"革王画的命"之后，中国绘画便作为中国传统文化视觉化的一部分，"以形写神"的创作手法和视觉表现语言，被拿来与西方古典学院派精准的，符合透视、光学和解剖学的"写实"的表现方式作对比，以得出中国传统绘画并没有发展出"科学"的观察和表现时间的方式，来宣扬中国传统绘画的"落后"和应当被取缔。由果溯因，"挨打"的社会现实证明了"落后"的文化，"进步"的社会现实观念化为"科学"的思维逻辑，而"科学"的视觉化正是按照视觉逻辑表现的"写实"手法。故而以"素描"为基础的美术教育体系，便借着这股东风进入中国传统绘画的训练之中。

当然这种冲击和碰撞本身并没有问题，作为新的力量被注入中国传统绘画中，确实使中国传统绘画的发展绽放出各种新的光彩，且孙先生本人也认同这种新的表现形式。但以素描为核心的"写实"画法所存在和依托的社会历史语境，毕竟与彼时的中国不同，中国传统绘画的核心材料——毛笔，决定了"写实"观念的本土化和落地，必然要发展出新的形式语言，简言之，"观念"需要由"形式"来实现。而铅笔、排刷、油画布与毛笔、宣纸、绢的物质属性截然不同。

笔者推测，孙先生在不断的教学实践中，也深感这个问题的棘手，故而在这次会议上着重强调"写意"观念下的花鸟画价值、形式语言和训练方式。他指出，笔力、笔法是彼时花鸟画教学面临的重要问题之一，认为艺术与科学截然不同，"形"与"线"不可衡量，不可要求统一看法，在参考"写实"的观念和重视"写生"的方式的基础上，不可以西洋体系代替中国体系，进而忽视了笔墨、神态、程式的重要性；不可片面地强调造型与色彩，追求素描照相机式的再现，而不在意临摹和默写训练；进而指出如果片面地强调"外师造化"而忽视了"中得心源"，便会将艺术创作束缚在自然状态内，并且会逐渐丧失民族传统，最终导致在形式上出现"能静不能动，能求形不能求神,能技术,轻理论"的状态。同时对于"写生"来说,在教学中是需要提倡的,对"写生"的重视也是突破清代以来部分中国传统绘画陈陈相因的窠臼,在学习程式语言的基础上,直接观摩自然对象,从自然对象上补充、发展笔墨形式。但这里的"写生"是一种观察和体验对象的方式,并不是以"素描"式的"速写"为基础的表现方式,在"写生"的过程中应当更加重视对表现对象神韵的表达,或者说是体悟自己在"写生"过程中心性的变化,借物象抒己意。

精微广大　山高水长

——孙其峰先生的中国画教学与实践

　　孙先生在 20 世纪 80 年代便能指出中国传统绘画现代化过程中如何突破"素描"与"写实"困境,发挥民族性,这正是他借由教学工作不断反思的一个视角。这种反思不仅体现在绘画这一个门类上,由于中国传统绘画与书法的紧密关系,在孙先生的创作和教学生涯中,对书法的锤炼未曾稍逊。

　　孙先生学书既早,幼承家训,终生临习不断,故而书法不断精进。又应教学之需求,不断将自己的思路和感悟体系化,如其在 20 世纪 60 年代为学生讲授书法期间,便再次研读了《艺舟双楫》《书谱》《广艺舟双楫》等传统书论,并详细注解。在这样的过程中,认识与实践不断相互砥砺,推动了孙先生对传统更进一步的认识,如其所言,"四十岁(1960 年)而后,开始注意法以外的一切——理、意、情、韵……尤其注意理的研究,因为我是教师,不能只授学生以法,必须使之明理,只有明理才能举一反三,法是当然,理则是所以然"。此处所言之"理",用孙先生自己的话说就是——"过河拆桥,弃舟登岸"。"桥"与"舟"是为"法",对应着具体碑帖中的点划、结构、形象,而"理"则是构成不同碑帖美感的规律和逻辑。正是在这种悟理、说理、践行理的过程中,孙先生晚年书风大变。如其在《砚畔随想》中所言,20 世纪 90

207

年代写隶书仍强调其分势,撇捺如鸟翼般分开,而后才追求横势,着意方扁,这种变化便是孙先生对理推敲的结果,脱离东汉碑版,而留意简牍、瓦当等民间书写,从具体的不同书体汇总抽象出隶书之"理",后能援简牍入汉碑,启个人风格之变。

孙先生为人热诚,尤为关爱学生,对教学倾注的热忱丝毫不逊于艺术创作。据首都师范大学徐改先生回忆,1960 年他在求学之时想学篆刻,便于一天晚饭后登门拜访住在教师宿舍的孙其峰先生。其时孙先生正在吃晚饭,见有学生来访便匆匆吃完,后拿起平时所藏石头,一边教学、一边示范,并为徐先生制印一方,孙先生敦敦师长之态可窥一斑。日常教学中,他也热衷于为学生直接示范,多亲自为学生改画,不仅孜孜不倦地创作各种课徒稿来提升教学质量,还借助这种教学相长的方式锤炼自己的艺术创作思维。著名美术理论家郎绍君先生提及与孙先生的交往时,同样感慨于孙先生的有教无类,称孙先生对教学的热情甚至比对创作还高,并且走到哪儿教到哪儿,丝毫不在乎求教者的身份、能力、学识、地位,这样无私的精神在郎先生所接触的同时代的老先生中也是不多见的,故而当孙先生晚年养病或住院治疗期间,他以往教过的学生多自愿陪护照料。

追忆孙其峰先生之文字颇多,且多涉及其艺术生涯,而笔者选先生之一侧面,片纸拙文,以记先生的中国画教学与实践在历史文脉长河中的独特贡献。

(作者系天津美术学院中国画学院中国画系主任,副教授,硕士生导师)

【学人小传】

孙其峰(1920—2023),中国当代著名美术教育家、书画艺术大家。天津美术学院原副院长、顾问、教授,中国国家画院院部委员,中国美术家协会原理事、中国书法家协会原理事、西泠印社原理事,天津市文联原常务理事,天津市美术家协会原副主席、天津市书法家协会原副主席、天津中国画研究会原会长、天津中国画学会顾问；享受国务院政府特殊津贴专家；荣获"庆祝中华人民共和国成立 70 周年"纪念章、中国美术奖·终身成就奖、中国书法兰亭奖终身成就奖、中国造型艺术成就奖、西泠印社终身成就奖。

后　记

　　本书是一本专栏结集。《天津日报·津沽学人》专栏开栏以来，王世恒、尚海涛、孟德龙、刘俊卿、陈旭东、王中谋、陈鹤阳等同志参与了大量组稿工作。刘云云做了精心的策划编发工作。韩鹏、李思文等同志为结集成书做了细致的编校工作。江立云、江俞、赵芳婷全程组织各项工作。任雅婷、李松涛、于航参与了编审工作。

　　本书编写过程中，得到梁琪、张俊艳、佟德志、马亚明、朱鹏霄、邱志杰等有关单位负责同志大力支持。在此一并致谢。

编　者

2025 年 6 月